अभागी का स्वर्ग

अभागी का स्वर्ग

शरतचंद्र चट्टोपाध्याय

प्रकाशक

प्रभात प्रकाशन प्रा. लि.

4/19 आसफ अली रोड, नई दिल्ली–110002

फोन : 011–23289777 • हेल्पलाइन नं. : 7827007777

इ–मेल : prabhatbooks@gmail.com ❖ वेब ठिकाना : www.prabhatbooks.com

संस्करण

2026

पेपरबैक मूल्य

तीन सौ रुपए

मुद्रक

आर–टेक ऑफसेट प्रिंटर्स, दिल्ली

———————— ★ ————————

ABHAGI KA SWARG

stories by Sarat Chandra Chattopadhyay

Published by **PRABHAT PRAKASHAN PVT. LTD.**

4/19 Asaf Ali Road, New Delhi-110002

ISBN 978-93-5266-259-3

₹ 300.00 (PB)

दो शब्द

बांग्ला के उपन्यास-सम्राट् शरतचंद्र चट्टोपाध्याय की संपूर्ण अमर कृतियाँ देश-विदेश की अनेक भाषाओं में अनूदित होकर प्रकाश में आ चुकी हैं; परंतु हिंदी में जहाँ एक ओर उनके उपन्यास तथा उपन्यास के रूप में बड़ी-बड़ी कहानियों के अनेक अनुवाद हुए हैं, वहाँ उनकी लघु-कथाओं के अनुवाद अपेक्षाकृत बहुत कम ही प्रकाश में आए हैं।

प्रस्तुत पुस्तक में शरतबाबू की सात लघु-कथाएँ संकलित हैं। सभी कहानियाँ एक-से-एक सुंदर, प्रेरणाप्रद, मर्मस्पर्शी एवं शिल्प की दृष्टि से अत्युत्तम हैं। अनुवाद में केवल मूल भावों की ही रक्षा नहीं की गई है, अपितु वह अक्षरश: हो और प्रभाव में भी शिथिलता न पड़े, इसका भी विशेष ध्यान रखा गया है।

आशा है, रवींद्रकथा-माला की भाँति शरतकथा-माला को भी स्नेहपूर्वक अपनाकर हिंदी-पाठक हमारे श्रम को सार्थक करेंगे।

अनुक्रम

अभागी का स्वर्ग

सात दिनों तक ज्वरग्रस्त रहने के बाद ठाकुरदास मुखर्जी की वृद्धा पत्नी की मृत्यु हो गई। मुखोपाध्याय महाशय अपने धान के व्यापार से काफी समृद्ध थे। उन्हें चार पुत्र, चार पुत्रियाँ और पुत्र-पुत्रियों के भी बच्चे, दामाद, पड़ोसियों का समूह, नौकर-चाकर थे, मानो यहाँ कोई उत्सव हो रहा हो। धूमधाम से निकलनेवाली शव-यात्रा को देखने के लिए गाँववालों की काफी भीड़ इकट्ठी हो गई। लड़कियों ने रोते-रोते माता के पाँवों में गहरा आलता और मस्तक पर बहुत सा सिंदूर लगा दिया। बहुओं ने ललाट पर चंदन लगाकर बहुमूल्य वस्त्रों से सास की देह को ढक दिया और अपने आँचल के कोने से उनकी पदधूलि झाड़ दी। पुत्र, पुष्प, गंध, माला और कलरव से मन को यह लगा ही नहीं कि यहाँ कोई शोक की घटना हुई है, ऐसा लगा जैसे बड़े घर की गृहिणी, पचास वर्षों बाद पुनः एक बार, नई तरह से अपने पति के घर जा रही हो। शांत मुख से वृद्ध मुखोपाध्याय अपनी चिरसंगिनी को अंतिम विदा देकर, छिपे-छिपे दोनों आँखों के आँसू पोंछकर, शोकार्त कन्या और बहुओं को सांत्वना देने लगे। प्रबल हरि-ध्वनि (राम नाम सत्य है) से प्रातःकालीन आकाश को गुंजित कर सारा गाँव साथ-साथ चल दिया। एक दूसरा प्राणी भी थोड़ी दूर से इस दल का साथी बन गया, वह थी कंगाली की माँ। वह अपनी झोंपड़ी के आँगन में पैदा हुए बैंगन तोड़कर, इस रास्ते से हाट जा रही थी। इस दृश्य को देखकर उसके पग हाट की ओर नहीं बढ़े। उसका हाट जाना रुक गया और उसके आँचल में बैंगन बँधे रह गए। आँखों से आँसू बहाती

हुई वह सबके पीछे श्मशान में आ उपस्थित हुई। श्मशान गाँव के एकांत कोने में गरुड़ नदी के तट पर था। वहाँ पहले से ही लकड़ियों का ढेर, चंदन के टुकड़े, घी, धूप, धूनी आदि उपकरण एकत्र कर दिए गए थे। कंगाली की माँ को निकट जाने का साहस नहीं हुआ। अत: वह एक ऊँचे टीले पर खड़ी होकर शुरू से अंत तक सारी अंत्येष्टि क्रिया को उत्सुक नेत्रों से देखने लगी। चौड़ी और बड़ी चिता पर जब शव रखा गया, उस समय शव के दोनों रँगे हुए पाँव देखकर उसके दोनों नेत्र शीतल हो गए। उसकी इच्छा होने लगी कि दौड़कर मृतक के पाँवों से एक बूँद आलता लेकर वह अपने मस्तक पर लगा ले। अनेक कंठों की हरिध्वनि के साथ पुत्र के हाथों में जब मंत्रपूत अग्नि लाई गई, उस समय उसके नेत्रों से झर-झर पानी बरसने लगा। वह मन-ही-मन बारंबार कहने लगी, 'सौभाग्यवती माँ, तुम स्वर्ग जा रही हो, मुझे भी आशीर्वाद देती जाओ कि मैं भी इसी तरह कंगाली के हाथों अग्नि प्राप्त करूँ।' लड़के के हाथ की अग्नि! यह कोई साधारण बात नहीं। पति, पुत्र, कन्या, नाती, नातिन, दास, दासी, परिजन, संपूर्ण गृहस्थी को उज्ज्वल करते हुए यह स्वर्गारोहण देखकर उसकी छाती फूलने लगी—जैसे इस सौभाग्य की वह फिर गणना ही नहीं कर सकी। सद्य प्रज्वलित चिता का अजस्त्र धुआँ नीले रंग की छाया फेंकता हुआ घूम-घूमकर आकाश में उठ रहा था। कंगाली की माँ को उसके बीच एक छोटे से रथ की आकृति जैसे स्पष्ट दिखाई दे गई। उस रथ के चारों ओर कितने ही चित्र अंकित थे। उसके शिखर पर बहुत से लता-पत्र जड़े हुए थे। भीतर जैसे कोई बैठा हुआ था, उसका मुँह पहचान में नहीं आता, परंतु उसकी माँग में सिंदूर की रेखा थी और दोनों पदतल आलता

पति, पुत्र, कन्या, नाती, नातिन, दास, दासी, परिजन, संपूर्ण गृहस्थी को उज्ज्वल करते हुए यह स्वर्गारोहण देखकर उसकी छाती फूलने लगी—जैसे इस सौभाग्य की वह फिर गणना ही नहीं कर सकी। सद्य प्रज्वलित चिता का अजस्त्र धुआँ नीले रंग की छाया फेंकता हुआ घूम-घूमकर आकाश में उठ रहा था।

(महावर) से रँगे हुए थे। ऊपर देखती हुई कंगाली की माँ की दोनों आँखों से आँसुओं की धारा बह रही थी। इसी बीच एक पंद्रह-सोलह वर्ष की उम्र के बालक ने उसके आँचल को खींचते हुए कहा, 'तू यहाँ आकर खड़ी है माँ, भात नहीं राँधेगी?'

चौंकते हुए पीछे मुड़कर माँ ने कहा, 'राँधूँगी रे!' अचानक ऊपर की ओर उँगली उठाकर व्यग्र स्वर में कहा, 'देख-देख बेटा ब्राह्मणी माँ उस रथ पर चढ़कर स्वर्ग जा रही हैं!'

लड़के ने आश्चर्य से मुँह उठाकर कहा, 'कहाँ?' फिर क्षण भर निरीक्षण करने के बाद बोला, 'तू पागल हो गई है माँ! वह तो धुआँ है।' फिर गुस्सा होकर बोला, 'दोपहर का समय हो गया, मुझे भूख नहीं लगती है क्या?' पर माँ की आँखों में आँसू देखकर बोला, 'ब्राह्मणों की बहू मर गई है, तो तू क्यों रो रही है, माँ?'

लड़के ने आश्चर्य से मुँह उठाकर कहा, 'कहाँ?' फिर क्षण भर निरीक्षण करने के बाद बोला, 'तू पागल हो गई है माँ! वह तो धुआँ है।' फिर गुस्सा होकर बोला, 'दोपहर का समय हो गया, मुझे भूख नहीं लगती है क्या?' पर माँ की आँखों में आँसू देखकर बोला, 'ब्राह्मणों की बहू मर गई है, तो तू क्यों रो रही है, माँ?'

कंगाली की माँ को अब होश आया। दूसरे के लिए, श्मशान में खड़े होकर इस प्रकार आँसू बहाने पर वह मन-ही-मन लज्जित हो उठी। यही नहीं, बालक के अकल्याण की आशंका से तुरंत ही आँखें पोंछकर तनिक सावधान-संयत होकर बोली, 'रोऊँगी किसके लिए रे, आँखों में धुआँ लग गया; यही तो!'

'हाँ, धुआँ तो लग ही गया था! तू रो रही थी।'

माँ ने और प्रतिवाद नहीं किया। लड़के का हाथ पकड़कर घाट पर पहुँची; स्वयं भी स्नान किया और कंगाली को भी स्नान कराकर घर लौट आई, श्मशान पर होनेवाले संस्कार के अंतिम भाग को देखना उसके भाग्य में नहीं बदा था।

दो

संतान के नामकरण के समय माता-पिता की मूर्खता पर, विधाता अंतरिक्ष में बैठे हुए; अधिकतर केवल हँसकर ही संतुष्ट नहीं हो जाते, तीव्र प्रतिवाद भी करते हैं। इसी से उनका संपूर्ण जीवन, उनके स्वयं के नामों को ही मरण-पर्यंत चिढ़ाता रहता है। कंगाली की माँ के जीवन का इतिहास छोटा सा है, परंतु उस छोटे से कंगाली जीवन में विधाता के इस परिहास से छुटकारा पा लिया है। उसके जन्म के बाद ही उसकी माँ मर गई, पिता ने क्रुद्ध होकर उसका नाम रखा 'अभागी'। माँ थी नहीं, पिता नदी में मछली पकड़ने घूमता रहता था, वह न दिन देखता, न रात। फिर भी न जाने किस प्रकार, छोटी सी अभागी एक दिन कंगाली की माँ बनने के लिए बची रही, यह एक आश्चर्य की बात है। जिसके साथ विवाह हुआ, उसका नाम था रसिक बाघ। कुछ दिन बाद ही वह अभागी को छोड़कर दूसरे गाँव में चला गया; अभागी अपने अभाग्य एवं उस शिशुपुत्र कंगाली को लेकर गाँव में ही पड़ी रही।

उसका वही कंगाली आज बड़ा होकर पंद्रहवें वर्ष में पदार्पण कर रहा है। फिलहाल उसने बेंत का काम सीखना आरंभ किया है। अभागी को आशा होने लगी है कि और एक वर्ष तक अपने अभाग्य के साथ जूझ लेने पर उसका दुःख दूर हो जाएगा। यह दुःख कैसा है? इसे जिन्होंने दिया है, उनके अतिरिक्त और कोई नहीं जानता।

उसका वही कंगाली आज बड़ा होकर पंद्रहवें वर्ष में पदार्पण कर रहा है। फिलहाल उसने बेंत का काम सीखना आरंभ किया है। अभागी को आशा होने लगी है कि और एक वर्ष तक अपने अभाग्य के साथ जूझ लेने पर उसका दुःख दूर हो जाएगा। यह दुःख कैसा है ? इसे जिन्होंने दिया है, उनके अतिरिक्त और कोई नहीं जानता।

कंगाली ने पोखर (कच्चा तालाब) से हाथ-मुँह धोकर लौटकर देखा; उसके भोजन की थाली के बचे भोजन को माँ एक मिट्टी के पात्र से ढककर

रख रही है। आश्चर्यचकित होकर उसने पूछा, 'तुमने नहीं खाया माँ?'

'बहुत देर हो गई बेटा, अब भूख नहीं रही।'

लड़के ने विश्वास नहीं किया, बोला, 'नहीं, भूख क्यों नहीं रही? कहाँ है, देखूँ तो मेरी हाँड़ी?'

इस छलना द्वारा वह बहुत दिनों से कंगाली को धोखा देती आ रही है; आज उसने हाँड़ी देखकर ही छोड़ी। उसमें केवल एक ही व्यक्ति के भोजन के लिए भात था। तब वह प्रसन्न मुख से माँ की गोद में जा बैठा। इस उम्र के बालक साधारणत: इस प्रकार नहीं करते, परंतु शैशव से अकसर बीमार रहने के कारण माँ की गोद छोड़कर उसे बाहर के संगी-साथियों में हिलमिल जाने का सुयोग नहीं मिला। इसी जगह बैठकर उसे खेलने-कूदने की साध मिटानी पड़ी है। एक बाँह गले में डालकर, मुँह के ऊपर मुँह रखकर कंगाली ने चकित स्वर में कहा, 'माँ, तेरा शरीर तो गर्म है; तू क्यों धूप में खड़ी होकर मुरदे को जलता हुआ देखने गई? फिर क्यों जाकर नहा आई?''' मुरदा जलना क्या तैने''' ।

कंगाली माँ की छाती से चिपककर बैठा सोचने लगा। माँ का विश्वास करना ही उसकी आदत है, विश्वास करने की ही उसने बचपन से शिक्षा पाई है। वही माँ जब कह रही है कि सबने आँखें गड़ाकर इतनी बड़ी बात को देखा, तब अविश्वास करने का फिर कोई कारण ही नहीं है। थोड़ी देर बाद वह धीरे-धीरे बोला, 'तब तो तू भी स्वर्ग जाएगी माँ?

माँ ने झटपट लड़के के मुँह को हाथ से दबाते हुए कहा, 'छिह बच्चे, मुरदा जलना नहीं कहते, पाप होता है! सती लक्ष्मी महारानी रथ पर चढ़कर स्वर्ग गई हैं।'

बालक ने संदेह करते हुए कहा, 'तेरे पास एक ही बात है माँ। रथ पर चढ़कर भी कहीं कोई स्वर्ग जाता है?'

माँ बोली, 'मैंने तो आँखों से देखा है कंगाली, ब्राह्मणी माँ रथ के ऊपर

बैठी थीं। उनके रँगे हुए दोनों पाँवों को सबने अपनी आँखों से देखा है रे!'

'सबने देखे हैं?'

'हाँ, सभी ने देखे हैं!'

कंगाली माँ की छाती से चिपककर बैठा सोचने लगा। माँ का विश्वास करना ही उसकी आदत है, विश्वास करने की ही उसने बचपन से शिक्षा पाई है। वही माँ जब कह रही है कि सबने आँखें गड़ाकर इतनी बड़ी बात को देखा, तब अविश्वास करने का फिर कोई कारण ही नहीं है। थोड़ी देर बाद वह धीरे-धीरे बोला, 'तब तो तू भी स्वर्ग जाएगी माँ? बिंदी की माँ उस दिन राखाल की बुआ से कह रही थीं, कंगाली की माँ के समान सती लक्ष्मी दूलों के मुहल्ले में और कोई नहीं है।'

कंगाली माँ की छाती से चिपककर बैठा सोचने लगा। माँ का विश्वास करना ही उसकी आदत है, विश्वास करने की ही उसने बचपन से शिक्षा पाई है। वही माँ जब कह रही है कि सबने आँखें गड़ाकर इतनी बड़ी बात को देखा, तब अविश्वास करने का फिर कोई कारण ही नहीं है।

कंगाली की माँ चुप रह गई। कंगाली उसी प्रकार धीरे-धीरे कहने लगा, 'पिता ने जब तुझे छोड़ दिया, तब कितने दुःख और कष्ट तुझे झेलने पड़े। फिर भी एक दिन के लिए भी पिता पर तेरा क्रोध नहीं देखा गया। तुझे आशा थी कि कंगाली के बचने पर तेरा दुःख दूर हो जाएगा। हाँ माँ, तेरे न बचने पर मैं कहाँ बचता? मैं तो बिना खाए-पिए, उतने दिनों में कब का मर गया होता।'

माँ ने लड़के को दोनों हाथों से पकड़कर छाती से चिपटा लिया। वस्तुतः अनेक प्रकार के परामर्श देनेवाले लोगों का अभाव न होते हुए भी सहायता करनेवाला व्यक्ति उन दिनों कोई नहीं मिल पाया था। यही नहीं और भी बहुत उपद्रव उसके साथ किया गया था। उन बातों को स्मरणकर अभागी की आँखों से पानी बहने लगा। लड़का अपने हाथ से इन्हें पोंछता हुआ बोला, 'कांथरी बिछा दूँ माँ, सोएगी?'

माँ चुप रही। कंगाली ने चटाई बिछाई, काँथरी बिछाई, माचे के ऊपर से तकिया उठाकर रख दिया। फिर उसे बिछौने की ओर खींचकर ले जाने लगा तो माँ बोली, 'कंगाली, आज तुझे काम पर जाने की जरूरत नहीं।'

काम-काज न करने का प्रस्ताव कंगाली को बहुत अच्छा लगा, परंतु बोला, 'जलपान के दो पैसे फिर वह नहीं देगा माँ।'

'न दे, आ तुझे एक कथा सुनाऊँ।'

और नहीं लुभाना पड़ा, कंगाली उसी क्षण माँ की छाती से लगकर लेटते हुए बोला, 'तो अब कह! राजपुत्र, कोतवाल का पुत्र और वह पक्षीराज घोड़ा¨।'

अभागी ने राजपुत्र, कोतवाल के पुत्र और पक्षीराज घोड़े की बात से कहानी आरंभ की। ये सब उसकी दूसरों से बहुत दिनों की सुनी एवं कितनी ही बार कही हुई कथाएँ थीं, परंतु कुछ देर बाद ही कहाँ गया उसका राजपुत्र और कहाँ गया उसका कोतवाल का पुत्र? उसने इस प्रकार उपकथा आरंभ की कि जो उसने दूसरे से नहीं सीखी थी, स्वयं की रचना थी।

अभागी ने राजपुत्र, कोतवाल के पुत्र और पक्षीराज घोड़े की बात से कहानी आरंभ की। ये सब उसकी दूसरों से बहुत दिनों की सुनी एवं कितनी ही बार कही हुई कथाएँ थीं, परंतु कुछ देर बाद ही कहाँ गया उसका राजपुत्र और कहाँ गया उसका कोतवाल का पुत्र? उसने इस प्रकार उपकथा आरंभ की कि जो उसने दूसरे से नहीं सीखी थी, स्वयं की रचना थी। उसका स्वर जितना बढ़ने लगा, उष्ण रक्त-स्रोत जितने द्रुतवेग से मस्तिष्क में बहने लगा, उतनी ही वह जैसे नई-नई उपकथाओं के इंद्रजाल की रचना करने लगी। उनका विराम नहीं था, विच्छेद नहीं था, कंगाली की छोटी सी देह बार-बार रोमाँड़चत होने लगी! भय, विस्मय और पुलक से वह जोर से माँ के गले को पकड़कर उसकी छाती में जैसे समा जाने की कोशिश करने लगा।

बाहर दिन ढल चुका था। सूर्य अस्ताचल को चले गए, संध्या की म्लान

छाया प्रगाढ़ होती हुई चराचर को व्याप्त कर उठी; परंतु घर के भीतर आज फिर दीपक नहीं जला, गृहस्थी का शेष कर्तव्य पूरा करने के लिए कोई उठा नहीं, निविड़ अंधकार में केवल रुग्ण माता का अबोध गुंजन, निस्तब्ध पुत्र के कानों में सुधावर्षण करता हुआ चलने लगा। वह उसी श्मशान और श्मशान की कहानी थी, वही रथ, वही दोनों रँगे हुए पाँव, वही उसका स्वर्ग जाना। किस प्रकार शोकार्त्त पति ने अंतिम पदधूलि देकर रोते हुए विदा दी, किस प्रकार हरिध्वनि करते हुए लड़के माता को ढोते हुए ले गए, उसके पश्चात् संतान के हाथ की अग्नि। वह अग्नि केवल अग्नि ही नहीं कंगाली, वह तो साक्षात् हरिस्वरूप थी! उसका आकाश तक उठा हुआ धुआँ, धुआँ नहीं था बच्चे, वह तो स्वर्ग का रथ था!

'कंगालीचरण, मेरे बेटे!'

'क्या माँ?'

'तेरे हाथ की अग्नि यदि पा लूँ बेटे, तो ब्राह्मणी माँ की भाँति मैं भी स्वर्ग जा सकूँगी।'

कंगाली ने अस्फुट स्वर में केवल यह कहा, 'जा, ऐसा नहीं कहते।'

माँ उस बात को शायद सुन भी नहीं सकी; उष्ण निश्श्वास छोड़कर कहने लगी, 'छोटी जात की होने पर भी, तब कोई घृणा नहीं कर सकेगा, दुःखी होने पर भी कोई रोककर नहीं रख सकेगा। आह! लड़के के हाथ की अग्नि, रथ को तो आना ही पड़ेगा!'

लड़के ने मुँह के ऊपर मुँह रखकर भर्राए कंठ से कहा, 'ऐसा मत कहो माँ, मुझे बड़ा डर लगता है।'

माँ ने कहा, 'और देख कंगाली, तेरे पिता को एक बार पकड़ लाऊँगी, वैसे ही अपने पाँव की धूलि मस्तक पर देकर वे मुझे विदा करेंगे। वैसे ही पाँवों में आलता, माथे पर सिंदूर देकर, परंतु कौन उसे देगा? तू देगा न रे कंगाली। तू मेरा लड़का है, तू ही मेरी लड़की है, तू ही मेरा सर्वत्र है।' कहते-कहते उसने लड़के को कसकर छाती से चिपटा लिया।

तीन

अभागी के जीवन-नाटक का अंतिम अंक समाप्त हो चला है। जिसका विस्तार अधिक नहीं, सामान्य ही है। जान पड़ता है, तीस वर्ष ही अब तक पार हुए होंगे या न हुए होंगे। अंत भी हुआ उसी प्रकार सामान्य भाव से। गाँव में कविराज नहीं थे, दूसरे गाँव में उनका निवास था। कंगाली जाकर रोया-धोया, हाथ-पाँव जोड़े, अंत में लोटा गिरवी रखकर उन्हें एक रुपए की प्रणामी (सलामी) दी। उस सबका कितना आयोजन करना पड़ा—खरल, मधु, अदरक का सत्त्व, तुलसी के पत्तों का रस। कंगाली की माँ ने लड़के से नाराज होकर कहा, 'क्यों तू मुझे बिना बताए लोटा गिरवी रखने चला गया, बच्चे?' हाथ झुकाकर कई गोलियाँ लेकर, उन्हें माथे से लगाकर फेंकते हुए उसने कहा, 'अच्छी होऊँगी तो वैसे ही हो जाऊँगी। बाग्दी-दूलों के घर में अब भी कोई औषधि खाने से नहीं बचता।'

दो-तीन दिन इसी प्रकार बीत गए। पड़ोसी खबर पाकर देखने के लिए आए। वे जो घरेलू नुस्खे जानते थे—हिरन के सींग का घिसा हुआ पानी, गिट्टी-कौड़ी जलाकर शहद में मिलाकर चटा देना इत्यादि, बिना खर्चे की औषधियों को बता सब अपने काम से चले गए।

दो-तीन दिन इसी प्रकार बीत गए। पड़ोसी खबर पाकर देखने के लिए आए। वे जो घरेलू नुस्खे जानते थे—हिरन के सींग का घिसा हुआ पानी, गिट्टी-कौड़ी जलाकर शहद में मिलाकर चटा देना इत्यादि, बिना खर्चे की औषधियों को बता सब अपने काम से चले गए। बालक कंगाली घबरा उठा। माँ ने उसे गोद में खींचते हुए कहा, 'कविराज की गोलियों में कुछ नहीं होता बेटे! और उन लोगों की औषधियों से क्या काम चलेगा? मैं ऐसे ही अच्छी हो जाऊँगी।'

कंगाली ने रोते हुए कहा, 'तुमने गोलियाँ खाई ही नहीं माँ, चूल्हे में फेंक दीं। ऐसे क्या कोई अच्छा होता है?'

'मैं ऐसे ही अच्छी हो जाऊँगी! अच्छा, देख, तू थोड़ा सा भात-वात बनाकर खा ले, मैं भी देखूँगी।'

कंगाली पहली बार अनभ्यस्त हाथों से भात राँधने लगा। न तो वह माँड़ ही निकाल सका, न अच्छी तरह पसा ही सका। चूल्हा उससे जलता नहीं, उसमें पानी गिर पड़ने से धुआँ होता है, भात पसाते समय चारों ओर गिर पड़ता है। माँ के नेत्र छलछला आए। उसने स्वयं एक बार उठने की चेष्टा की; परंतु माथा सीधा न कर सकी, खाट पर ही लुढ़क गई। खाना बन जाने पर बालक को पास बुलाकर, किस प्रकार क्या करना होता है, इसका विधिवत् उपदेश करते समय उसका क्षीण कंठ अवरुद्ध हो गया, आँखों से जल की अविरल धारा बहने लगी।

'किसे माँ?'
'उन्हीं को रे, उस गाँव में जो चले गए हैं।'
कंगाली ने समझते हुए भी पूछा, 'पिता को।'
अभागी चुप रह गई।
कंगाली बोला, 'वे आएँगे क्या माँ?'
अभागी को स्वयं भी पूरा संदेह था, तो भी धीरे-धीरे कहा, 'जाकर कहना, माँ केवल आपके पाँवों की धूलि चाहती है।'

गाँव का ईश्वर नाई नाड़ी देखना जानता था। दूसरे दिन सवेरे उसने नाड़ी देखकर उसी के सामने मुँह को गंभीर बना लिया। कंगाली की माँ ने इसका अर्थ समझा; परंतु उसे भय भी नहीं लगा। सब लोगों के चले जाने पर उसने लड़के से कहा, 'इस बार एक बार उन्हें बुलाकर ला सकता है बेटे?'

'किसे माँ?'

'उन्हीं को रे, उस गाँव में जो चले गए हैं।'

कंगाली ने समझते हुए भी पूछा, 'पिता को।'

अभागी चुप रह गई।

कंगाली बोला, 'वे आएँगे क्या माँ?'

अभागी को स्वयं भी पूरा संदेह था, तो भी धीरे-धीरे कहा, 'जाकर

कहना, माँ केवल आपके पाँवों की धूलि चाहती है।'

वह उसी समय जाने को तैयार हो गया। तब उसका हाथ पकड़कर वह बोली, 'थोड़ा सा रोना-धोना बेटे। कहना, माँ जा रही है।'

कुछ ठहरकर बोली, 'लौटते समय नाइन-भाभी से थोड़ा सा आलता ले आना कंगाली; मेरा नाम लेते ही वह दे देगी, मुझे बहुत प्यार करती है।'

प्यार उसे बहुत सी करती हैं। ज्वर होने की अवधि से माँ के मुख से इन कई वस्तुओं की बातें इतनी बार, इतनी प्रकार से सुनी हैं कि वह वहाँ से रोता अपनी यात्रा पर चल दिया।

चार

दूसरे दिन रसिक दूले समयानुसार जब आ उपस्थित हुआ; उस समय अभागी को जरा भी होश नहीं था। मुँह पर मृत्यु की छाया पड़ रही थी, आँखों की दृष्टि इस संसार के कार्य को त्यागकर किसी अनजाने देश में चली गई थी। कंगाली ने रोकर कहा, 'अरी माँ! पिता आए हैं, पाँव की धूलि लोगी न?'

माँ शायद समझी, शायद नहीं समझी; शायद गहराई तक संचित उसकी वासना ने, संस्कार की भाँति उसकी दबी हुई चेतना पर आघात पहुँचाया। इस मृत्युपथ के यात्री ने अपनी विवश भुजाओं को शय्या से बाहर बढ़ाकर हाथ झुका दिए।

रसिक हतप्रभ खड़ा रहा। पृथ्वी पर उसकी पद-धूलि का कोई प्रयोजन है, इसे भी कोई चाह सकता है, यह उसकी कल्पना से परे था। बिंदो की बुआ खड़ी हुई थी, उसने कहा, 'दो बाबा, थोड़ी सी पाँवों की धूलि दो।'

रसिक आगे बढ़ आया। जीवनभर स्त्री को उसने प्यार नहीं दिया, भोजन-वस्त्र नहीं दिया, कोई खोज-खबर नहीं ली; अब मृत्युकाल में उसे केवल थोड़ी सी पद-धूलि देते समय वह रो उठा। राखाल की माँ बोली, 'ऐसी सती-लक्ष्मी ब्राह्मण-कायस्थों के घर में न जन्म लेकर, हम दूलों के घर में क्यों जनमी?''

रसिक आगे बढ़ आया। जीवनभर स्त्री को उसने प्यार नहीं दिया, भोजन-वस्त्र नहीं दिया, कोई खोज-खबर नहीं ली; अब मृत्युकाल में उसे केवल थोड़ी सी पद-धूलि देते समय वह रो उठा। राखाल की माँ बोली, 'ऐसी सती-लक्ष्मी ब्राह्मण-कायस्थों के घर में न जन्म लेकर, हम दूलों के घर में क्यों जनमी? अब तो उसकी गति सुधार दो बेटा, कंगाली के हाथ से अग्नि पाने के लोभ में उसने अपने प्राण दे दिए हैं।'

उस दिन, दिन का समय तो कट गया, पहली रात भी कट गई; परंतु सवेरे के लिए कंगाली की माँ और प्रतीक्षा नहीं कर सकी। कौन जाने इतनी छोटी जाति के लिए भी स्वर्ग के रथ की व्यवस्था है अथवा नहीं अथवा अँधेरे में पैदल ही उन्हें जाना पड़ता है, परंतु यह समझ में आ गया कि रात पूरी समाप्त होने से पहले ही उसने इस दुनिया को त्याग दिया।

अभागी के अभाग्य के देवता ने परोक्ष में बैठकर क्या सोचा था, पता नहीं; पर बालक कंगाली की छाती में वह बात तीर की भाँति बिंध गई।

उस दिन, दिन का समय तो कट गया, पहली रात भी कट गई; परंतु सवेरे के लिए कंगाली की माँ और प्रतीक्षा नहीं कर सकी। कौन जाने इतनी छोटी जाति के लिए भी स्वर्ग के रथ की व्यवस्था है अथवा नहीं अथवा अँधेरे में पैदल ही उन्हें जाना पड़ता है, परंतु यह समझ में आ गया कि रात पूरी समाप्त होने से पहले ही उसने इस दुनिया को त्याग दिया।

झोंपड़ी के आँगन में एक बेल का पेड़ है। कहीं से कुल्हाड़ी लाकर रसिक ने चोट की अथवा नहीं की, परंतु जमींदार का दरबान कहीं से दौड़ा चला आया और उसके गाल पर तड़ाक् से एक चाँटा कस दिया, फिर कुल्हाड़ी छीनता हुआ बोला, 'बेटा, यह क्या मेरा अपना पेड़ है जो काटने लग गया?'

रसिक गाल पर हाथ फेरने लगा। कंगाली रोता हुआ सा बोला, 'वाह, यह तो मेरी माँ के हाथ का लगाया हुआ पौधा है दरबानजी। पिताजी को तुमने खामखाह क्यों मारा?'

हिंदुस्तानी दरबान तब उसे भी एक गाली देकर मारने चला; परंतु वह अपनी मरी हुई माँ की मृत देह से स्पर्श किए हुए बैठा था, अत: अशौच के भय से उसके शरीर पर हाथ नहीं मारा। शोरगुल से एक भीड़ जमा हो गई। किसी ने भी इस बात से इनकार नहीं किया, एक भीड़ जमा हो गई। किसी ने भी इस बात से इनकार नहीं किया कि बिना आज्ञा लिए रसिक का पेड़ काटना कठिन नहीं था। वे सब फिर दरबानजी के हाथ-पाँव जोड़ने लगे कि कृपा करके उसे हुक्म दे दें। कारण, बीमारी के समय जो कोई देखने को आया था, कंगाली की माँ उसी का हाथ पकड़कर अपनी अंतिम अभिलाषा व्यक्त कर गई थी।

दरबान भुलावे में आ जानेवाला पात्र नहीं था; उसने हाथ हिलाकर कहा, 'यह सब चालाकी मेरे सामने नहीं चल सकती।'

जमींदार स्थानीय व्यक्ति नहीं थे। गाँव में उनकी एक कचहरी है, गुमाश्ता अधरराय उनके कारिंदे हैं। सब लोग जिस समय दरबान के समीप व्यर्थ अनुनय-विनय करने लगे, कंगाली ऊर्ध्व श्वासें लेकर दौड़ता हुआ एकदम कचहरीवाले मकान में जा उपस्थित हुआ। उसने लोगों के मुँह से सुना था कि पियादे लोग घूस लेते हैं। उसे निश्चित विश्वास हो गया कि इतने बड़े असंगत अत्याचार की बात यदि मालिक को जता दी जाए, तो इसका कोई प्रतिकार हुए बिना न रहेगा। हाय रे अबोध! बंगाल के जमींदारों और उनके कर्मचारियों को वह जानता ही नहीं था। सद्य:मातृहीन बालक, शोक तथा उत्तेजना से उद्भ्रांत होकर एकदम ऊपर चढ़ता चला आया। अधरराय हाल ही में संध्या-पूजा तथा थोड़ा-बहुत जलपान करने के बाद बाहर आए थे; विस्मित और क्रुद्ध होकर बोले, 'क्या है रे?'

जमींदार स्थानीय व्यक्ति नहीं थे। गाँव में उनकी एक कचहरी है, गुमाश्ता अधरराय उनके कारिंदे हैं। सब लोग जिस समय दरबान के समीप व्यर्थ अनुनय-विनय करने लगे, कंगाली ऊर्ध्व श्वासें लेकर दौड़ता हुआ एकदम कचहरीवाले मकान में जा उपस्थित हुआ। उसने लोगों के मुँह से सुना था कि पियादे लोग घूस लेते हैं।

'मैं कंगाली हूँ। दरबान ने मेरे पिता को मारा है।'

'ठीक किया। अभागा लगान नहीं देता शायद?'

कंगाली बोला, 'नहीं बाबूजी, पिताजी पेड़ काट रहे थे, मेरी माँ मर गई है।' कहते-कहते वह अपना रुदन और नहीं रोक सका।

सवेरे के समय इस रोने-धोने से अधर अत्यंत खीझ उठे। लड़का मुरदे को छूकर आया है, क्या पता यहाँ भी कुछ छू-छा न दिया हो। धमकाते हुए बोले, 'माँ मर गई है तो नीचे जाकर खड़ा हो। अरे कौन है रे, इस जगह थोड़ा सा गोबर-पानी डाल दो। किस जाति का लड़का है तू?'

कंगाली बोला, 'माँ मुझे अग्नि देने के लिए कह गई है। आप पूछ लीजिए न बाबूजी, माँ तो सभी से कह गई है, सभी ने इस बात को सुना है।' माँ की बात कहते समय, उनके बार-बार के अनुरोध-उपरोध तुरंत ही याद आ जाने से, उसका कंठ मानो रुलाई के कारण फट पड़ने लगा।
अधर ने कहा, 'माँ को जलाना चाहता है तो पेड़ के दाम पाँच रुपए ला। ला सकेगा?'

कंगाली ने भयभीत हो, आँगन में उतरकर खड़े होकर कहा, 'हम लोग दूले हैं।'

अधर ने कहा, 'दूले? दूले के मुरदे के लिए लकड़ी का क्या होगा, सुनूँ तो?'

कंगाली बोला, 'माँ मुझे अग्नि देने के लिए कह गई है। आप पूछ लीजिए न बाबूजी, माँ तो सभी से कह गई है, सभी ने इस बात को सुना है।' माँ की बात कहते समय, उनके बार-बार के अनुरोध-उपरोध तुरंत ही याद आ जाने से, उसका कंठ मानो रुलाई के कारण फट पड़ने लगा।

अधर ने कहा, 'माँ को जलाना चाहता है तो पेड़ के दाम पाँच रुपए ला। ला सकेगा?'

कंगाली जानता था, यह असंभव है! उसका कफन खरीदने के लिए, मूल्य के रूप में उसके भात खाने की पीतल की थाली को बिंदो की बुआ एक रुपए में गिरवी रखने गई है, इसे वह आँखों से देख आया है। उसने

गरदन हिलाई, बोला, 'नहीं।'

अधर ने मुँह को अत्यंत विकृत बनाते हुए कहा, 'नहीं तो माँ को ले जाकर नदी के बहाव में बहा दे। किसके पेड़ पर तेरा बाप कुल्हाड़ी चलाने जा रहा है, पाजी, अभागा, बदमाश!'

कंगाली बोला, 'वह हमारे आँगन का पेड़ है बाबूजी! वह तो मेरी माँ के हाथ का बोया हुआ है।'

'हाथ का बोया हुआ पेड़ है! पांडे, इस सुअर को गरदनिया मारकर बाहर निकाल दो।'

पांडे ने आकर उसे धक्का दिया एवं ऐसी बातें कहीं कि जिन्हें केवल जमींदार के कर्मचारी ही कह सकते हैं।

कंगाली धूलि झाड़कर उठ खड़ा हुआ। उसके बाद धीरे-धीरे बाहर निकल गया। क्यों उसने मार खाई, उसका क्या अपराध था? लड़का इसे सोच भी नहीं पाया।

मुखर्जियों के घर पर श्राद्ध के दिन के बीच में केवल एक दिन बाकी है। समारोह का आयोजन गृहिणी के उपयुक्त होने का प्रयत्न हो रहा है। वृद्ध ठाकुरदास स्वयं ही देखरेख करते घूम रहे हैं। कंगाली ने आकर उनके सामने खड़े होकर कहा, 'पंडितजी, मेरी माँ मर गई है।'

'तू कौन है? क्या चाहता है तू?'

गुमाश्ते के निर्विकार हृदय में दाग तक नहीं पड़ा। पड़ने पर यह नौकरी उसे नहीं मिलती। बोला, 'परेश, देख तो इस बेटा का लगान बाकी पड़ा है कि नहीं। हो तो इसका जाल-वाल जो कुछ हो, छीनकर रख देना, अभागा भाग जा सकता है।'

मुखर्जियों के घर पर श्राद्ध के दिन के बीच में केवल एक दिन बाकी है। समारोह का आयोजन गृहिणी के उपयुक्त होने का प्रयत्न हो रहा है। वृद्ध ठाकुरदास स्वयं ही देखरेख करते घूम रहे हैं। कंगाली ने आकर उनके सामने खड़े होकर कहा, 'पंडितजी, मेरी माँ मर गई है।'

'तू कौन है? क्या चाहता है तू?'

'मैं कंगाली हूँ। माँ कह गई है उसे अग्नि देने के लिए··· ।'

'तो दे न!'

कचहरी की घटना इस बीच सबके मुँह से प्रचारित हो चुकी थी। एक आदमी ने कहा, 'उसे शायद एक पेड़ चाहिए।' यह कहकर उसने घटना बता दी।

मुखोपाध्याय ने विस्मित और विरक्त होकर कहा, 'सुनो इसकी बातें! हमें ही कितनी लकड़ी की जरूरत है, कल के बाद परसों श्राद्ध है। जा-जा, यहाँ कुछ नहीं होगा, यहाँ कुछ नहीं होगा!' यह कहकर अन्यत्र चल दिए।

भट्टाचार्य महाशय समीप ही बैठे हुए फर्द बना रहे थे; वे बोले, 'तेरी जाति में कहाँ कोई जलाया है रे, जा, उसके मुँह में थोड़ी सी आग रख नदी की धार में मिट्टी दे देना!'

मुखोपाध्याय महाशय का बड़ा लड़का व्यस्त भाव से इस ओर से कहीं जा रहा था; उसने कान खड़े कर कुछ सुनते हुए कहा, 'देखते हैं भट्टाचार्य महाशय, ये सब बेटे ब्राह्मण-कायस्थ हो जाना चाहते हैं।' कहकर काम की जल्दी में चला गया।

कंगाली ने और प्रार्थना नहीं की। इन दो घंटों के अनुभव से वह जैसे एकदम बूढ़ा हो गया था। चुपचाप, धीरे-धीरे वह अपनी मरी हुई माँ के पास जा उपस्थित हुआ।

नदी की धार के पास गड्ढा खोदकर अभागी को सुला दिया गया। राखाल की माँ ने कंगाली के हाथ में पुआल की आंटी जलाकर दे दी। उसी हाथ से माँ के मुख को स्पर्श करवाकर हटवा दिया। तदुपरांत सबने मिलकर मिट्टी से ढककर कंगाली की माँ के अंतिम चिह्न तक को समाप्त कर दिया।

सब अपने कामों में व्यस्त हो गए, परंतु उस पुआल की आंटी से जो थोड़ा धुआँ निकलकर आकाश की ओर उठ रहा था, उसकी ओर अपलक नेत्रों से देखता हुआ कंगाली स्तब्ध खड़ा था।

□

तसवीर

यह कहानी जिस समय की है, उस समय ब्रह्मदेश (बर्मा) अंग्रेजों की अधीनता में नहीं आया था! उस समय उसके अपने राजा-रानी थे, पात्र-मित्र थे, सेना-सामंत थे, उस समय तक वे अपने देश पर स्वयं ही शासन करते थे।

माँड़ले राजधानी थी, परंतु राजवंश के बहुतेरे व्यक्ति देश के विभिन्न शहरों में जाकर बस गए थे।

ऐसा लगता है कि कोई व्यक्ति बहुत समय पूर्व ही पेंगू से पाँच कोस दक्षिण की ओर इमेदिन गाँव में आकर बस गया था।

उसकी बड़ी अट्टालिका थी, बड़ा बगीचा था, बहुत धन-दौलत थी, बड़ी जमींदारी थी। इन सबके मालिक की जब एक दिन परलोक से पुकार हुई, तो उसने अपने मित्र को बुलाकर कहा, 'वा-को इच्छा थी कि तुम्हारे लड़के के साथ अपनी लड़की का विवाह कर जाऊँ, परंतु वह समय आया ही नहीं। मा-शोए रह जाएगी, उसे देखना।'

इससे अधिक कहने की उसने आवश्यकता नहीं समझी। वा-को उसका बचपन का मित्र है। एक दिन उसके पास भी बहुत सी धन-दौलत थी। केवल मंदिर बनवाने और भिखारियों को खिलाने में, आज वह केवल सर्वहारा ही नहीं, ऋणग्रस्त भी है। तो भी इस व्यक्ति को अपनी संपूर्ण संपत्ति के साथ एकमात्र कन्या को भी निर्भयतापूर्वक सौंप देने में उसे लेशमात्र भी बाधा नहीं हुई। मित्र को पहचान लेने का इतना बड़ा सुयोग ही उसने इस समय पाया

था, परंतु यह दायित्व वा-को को अधिक दिन वहन नहीं करना पड़ा। उसका भी 'उस पार का सम्मन' आ पहुँचा एवं उस महामान्य परवाने को मस्तक पर रखकर, बुढ़ापे का चक्र पूरा न घूमते हुए भी, जहाँ का भार तहाँ ही फेंककर वह अज्ञात दिशा की ओर प्रस्थान कर गया।

पितृ-शोक के इस उत्कट आनंद से क्षणभर के लिए किसी प्रकार भागकर, वा-थिन एक निर्जन वृक्ष के नीचे बैठकर रो रहा था; अचानक चौंकते हुए घूमकर देखा—मा-शोए उसके पीछे आकर खड़ी है। उसने चादर के छोर से अपने दाहिने हाथ द्वारा आँखें पोंछ लीं एवं पास बैठकर, उसके दाहिने हाथ को अपने हाथ में खींचकर धीरे-धीरे बोली, 'पिताजी मर गए हैं; परंतु तुम्हारी मा-शोए तो अभी तक बची हुई है!'

इस धर्मप्राण दरिद्र व्यक्ति को गाँव के लोग जितना प्यार करते थे, जितनी श्रद्धा-भक्ति रखते थे, वैसे ही प्रचंड आग्रह से उन्होंने इसके क्रियाकर्म का आयोजन आरंभ कर दिया।

वा-को का पार्थिव शरीर माला-चंदन से सुसज्जितकर अर्थी पर लिटाया गया एवं नीचे खेल-कूद, नृत्य-गीत और आहार-विहार के स्रोत रात-दिन अविराम बहने लगे। लगता था, इसका शायद अंत ही न होगा!

पितृ-शोक के इस उत्कट आनंद से क्षणभर के लिए किसी प्रकार भागकर, वा-थिन एक निर्जन वृक्ष के नीचे बैठकर रो रहा था; अचानक चौंकते हुए घूमकर देखा—मा-शोए उसके पीछे आकर खड़ी है। उसने चादर के छोर से अपने दाहिने हाथ द्वारा आँखें पोंछ लीं एवं पास बैठकर, उसके दाहिने हाथ को अपने हाथ में खींचकर धीरे-धीरे बोली, 'पिताजी मर गए हैं; परंतु तुम्हारी मा-शोए तो अभी तक बची हुई है!'

दो

वा-थिन तसवीरें बनाता था। उसने अपने अंतिम चित्र को एक सौदागर के हाथों राजा के दरबार में भिजवा दिया। राजा ने तसवीर ले ली

और प्रसन्न होकर अपनी बहुमूल्य अँगूठी पुरस्कार में दे दी।

आनंद से मा-शोए की आँखों में पानी भर आया, उसने उसके पास खड़े होकर मृदु कंठ से कहा, 'वा-थिन, संसार में तुम सबसे बड़े चित्रकार बनोगे!'

वा-थिन हँसा, कहा, 'पिताजी का ऋण शायद चुका सकूँगा।'

उत्तराधिकार सूत्र से मा-शोए ही उसकी एकमात्र महाजन थी। इसीलिए इस बात से वह सबकी अपेक्षा अधिक लज्जित होती थी। बोली, 'तुम बार-बार इस प्रकार ताने दोगे; तो फिर मैं तुम्हारे पास नहीं आऊँगी।' वा-थिन चुप रह गया, परंतु ऋण दिए बिना पिता की मुक्ति नहीं होती, इतनी बड़ी विपत्ति की बात स्मरणकर उसका हृदय जैसे सिहर उठा।

वा-थिन का परिश्रम आजकल अत्यंत बढ़ गया है। वह जातक कथाओं में से एक नवीन चित्र बना रहा है। आज सारे दिन उसने मुँह उठाकर भी नहीं देखा।

मा-शोए प्रतिदिन जिस प्रकार आती थी, आज भी उसी प्रकार आई थी। वा-थिन के शयन-गृह, बैठने का कमरा, तसवीर बनाने का कमरा सबको वह अपने हाथों से सजा-सँवार जाती थी। नौकर-नौकरानियों के ऊपर इस काम का भार डालते हुए उसे किसी प्रकार राहत नहीं होती।

सामने ही एक दर्पण था, उसके ऊपर वा-थिन की छाया पड़ रही थी। मा-शोए बहुत देर तक एकटक देखती हुई, बैठकर; अचानक एक निश्श्वास छोड़ती हुई बोली, 'वा-थिन, तुम हम लोगों की भाँति स्त्री होते, तो अब तक देश की रानी बन जाते!'

वा-थिन ने मुँह उठाकर मुसकराते हुए पूछा, 'कैसे, बताओ तो?'

सामने ही एक दर्पण था, उसके ऊपर वा-थिन की छाया पड़ रही थी। मा-शोए बहुत देर तक एकटक देखती हुई, बैठकर; अचानक एक निश्श्वास छोड़ती हुई बोली, 'वा-थिन, तुम हम लोगों की भाँति स्त्री होते, तो अब तक देश की रानी बन जाते!' वा-थिन ने मुँह उठाकर मुसकराते हुए पूछा, 'कैसे, बताओ तो?'

'राजा तुम्हें ब्याहकर सिंहासन पर ले जाते। उसके अनेक रानियाँ हैं, परंतु ऐसा रंग, ऐसे केश, ऐसा मुख क्या उनके पास भी है?' यह सुनकर उसने काम में मन लगाया; परंतु वा-थिन को लगा; माँड़ले में वह जब तसवीर बनाना सीख रहा था, तब ऐसी ही बात वह बीच-बीच में सुना करता था।

तब उसने हँसकर कहा, 'परंतु रूप को चुराने का उपाय होने पर, तुम शायद मुझे ठुकराकर अब तक राजा के बाईं ओर जा बैठतीं।'

मा-शोए ने इस अभियोग का कोई उत्तर नहीं दिया; केवल मन-ही-मन बोली, 'तुम नारी की भाँति दुर्बल हो, नारी की भाँति कोमल हो, उन्हीं की भाँति सुंदर हो, तुम्हारे रूप की सीमा नहीं है!'

इस रूप के समीप वह अपने को बहुत ही छोटा समझती है।

तीन

बसंत के प्रारंभ में, इस इमेदिन गाँव में प्रतिवर्ष समारोह के साथ घुड़दौड़ होती है। आज उसी उपलक्ष्य में गाँव के बाहर से बहुत लोगों का आगमन हुआ है।

मा-शोए धीरे-धीरे वा-थिन के पीछे आकर खड़ी हो गई। वह एकाग्र चित्त से तसवीर बना रहा था, इसी से उसका पदशब्द नहीं सुन सका।

मा-शोए ने कहा, 'मैं आई हूँ, घूमकर देखो!' वा-थिन ने चकित हो घूमकर देखा; विस्मित होकर पूछा, 'अकस्मात् ऐसी साज-सज्जा किसलिए?'

'वाह, तुम्हें शायद मालूम ही नहीं है, आज हम लोगों की घुड़दौड़ है। जो विजयी होगा, वही आज मुझे माला पहनाएगा।'

'कहाँ, सो तो सुना ही नहीं, कहकर वा-थिन अपनी तूलिका को पुनः उठाने जा रहा था। मा-शोए उसके कंठ से लिपटते हुए बोली, 'नहीं सुना, नहीं, नहीं! परंतु तुम उठो—और कितनी देर करोगे?'

ये दोनों प्रायः समवयस्क हैं, शायद वा-थिन दो-चार महीने बड़ा हो सकता है; परंतु बचपन से इसी प्रकार उन्होंने ये उन्नीस वर्ष काट दिए हैं। खेल

किया है, विवाद किया है; मारपीट की है और प्यार किया है।

सामने के बड़े शीशे में दो मुख, तत्काल प्रस्फुटित हो गुलाब के फूलों की भाँति बोल उठे; वा-थिन ने दिखाते हुए कहा, 'यह देखा…'

मा-शोए कुछ देर तक चुपचाप इन दोनों के चेहरों की ओर अतृप्त नयनों से देखती रही। अचानक आज पहली बार उसके मन को लगा, वह भी बहुत सुंदर है। आवेश में उसके दोनों नेत्र बंद हो गए; धीरे-धीरे बोली, 'मैं जैसे चाँद का कलंक हूँ।'

'वाह, तुम्हें शायद मालूम ही नहीं है, आज हम लोगों की घुड़दौड़ है। जो विजयी होगा, वही आज मुझे माला पहनाएगा।'
'कहाँ, सो तो सुना ही नहीं, कहकर वा-थिन अपनी तूलिका को पुनः उठाने जा रहा था। मा-शोए उसके कंठ से लिपटते हुए बोली, 'नहीं सुना, नहीं, नहीं! परंतु तुम उठो—और कितनी देर करोगे?'

वा-थिन और भी उसके मुँह को खींचता हुआ बोला, 'नहीं, तुम चाँद का कलंक नहीं हो, किसी का कलंक नहीं हो, तुम चाँद की चाँदनी हो! एक बार अच्छी तरह देखो तो सही।'

परंतु आँखें खोलने का मा-शोए को साहस नहीं हुआ, वह उसी भाँति दोनों आँखें बंद किए रही।

शायद इसी तरह बहुत समय बीत जाता, परंतु एक बड़ा नर-नारियों का झुंड नाचता-गाता, सामने की सड़क पर होकर उत्सव में भाग लेने के लिए चला जा रहा था। मा-शोए व्यस्त होकर उठ खड़ी हुई, कहा, 'चलो समय हो गया।'

'परंतु मेरा जाना तो एकदम असंभव है, मा-शोए!'

'क्यों?'

'इस तसवीर को पाँच दिन के भीतर तैयार करके देना है।'

'न देने पर?'

'वह माँड़ले चला जाएगा, तब तसवीर भी नहीं लेगा, रुपया भी नहीं देगा।'

*रुपयों की चर्चा से मा-शोए को कष्ट पहुँचता था, लज्जा अनुभव होती थी। रुष्ट होकर बोली, 'किंतु इसलिए ही तो तुम्हें इस तरह जी-तोड़ परश्रिम नहीं करने दे सकती।'
वा-थिन ने इस बात कोई उत्तर नहीं दिया। पिता के ऋण को स्मरण कर उसके मुँह पर उदासी छा गई, और वह एक व्यक्ति की दृष्टि से छिपी न रह सकी।*

रुपयों की चर्चा से मा-शोए को कष्ट पहुँचता था, लज्जा अनुभव होती थी। रुष्ट होकर बोली, 'किंतु इसलिए ही तो तुम्हें इस तरह जी-तोड़ परश्रिम नहीं करने दे सकती।'

वा-थिन ने इस बात कोई उत्तर नहीं दिया। पिता के ऋण को स्मरण कर उसके मुँह पर उदासी छा गई, और वह एक व्यक्ति की दृष्टि से छिपी न रह सकी।

बोली, 'मुझे बेच देना, मैं दूने दाम दूँगी।'

वा-थिन को इसमें संदेह नहीं था; हँसते हुए पूछा, 'परंतु इसका करोगी क्या?'

मा-शोए गले का बहुमूल्य हार दिखाती हुई बोली, 'इसमें जितने भी मोती हैं, जितने भी पन्ने हैं, सबसे इस तसवीर को सजाकर शयन-गृह में अपनी आँखों के ऊपर टाँगकर रखूँगी।'

'उसके बाद?'

'उसके बाद जिस दिन-रात में बहुत बड़ा चाँद निकलेगा और खुली हुई खिड़की के भीतर से उसकी चाँदनी का प्रकाश तुम्हारे सोए हुए मुँह पर खेलेगा⋯।'

'उसके बाद?'

'उसके बाद तुम्हारी नींद तोड़कर⋯'

बात समाप्त नहीं हो पाई। नीचे मा-शोए की बैलगाड़ी प्रतीक्षा कर रही थी, उसके गाड़ीवान की उच्च्च कंठ से पुकार सुनाई पड़ी।

वा-थिन व्यस्त होकर बोला, 'उसके बाद की कथा फिर सुनूँगा, अभी नहीं। तुम्हारा समय हो गया, जल्दी जाओ!'

परंतु समय निकल जाने का कोई लक्षण मा-शोए के आचरण में नहीं दिखाई दिया। कारण, उसने और भी अच्छी तरह बैठते हुए कहा, 'मेरा शरीर अस्वस्थ जान पड़ता है, मैं नहीं जाऊँगी!'

'नहीं जाओगी? वचन जो दिया है, सब लोग गरदन उठाए तुम्हारी प्रतीक्षा कर रहे हैं, यह जानती हो?'

मा-शोए ने जोर से सिर हिलाते हुए कहा—'भले ही करें! वचन-भंग की ऐसी लज्जा मुझे नहीं है—मैं नहीं जाऊँगी!'

'छिह...'

'तब तुम भी चलो!'

'संभव होता तो अवश्य चलता; परंतु मैं अपनी वजह से तुम्हें सत्य भंग नहीं करने दूँगा और देर मत करो, जाओ!'

मा-शोए ने जोर से सिर हिलाते हुए कहा—'भले ही करें! वचन-भंग की ऐसी लज्जा मुझे नहीं है—मैं नहीं जाऊँगी!'

'छिह...'

'तब तुम भी चलो!'

'संभव होता तो अवश्य चलता; परंतु मैं अपनी वजह से तुम्हें सत्य भंग नहीं करने दूँगा और देर मत करो, जाओ!'

उसके गंभीर मुख और शांत-दृढ कंठ-स्वर को सुन, मा-शोए उठकर खड़ी हो गई। अभिमान से मुँह को म्लान करती हुई बोली, 'तुम अपनी सुविधा के लिए मुझे दूर करना चाहते हो; अब मैं कभी तुम्हारे पास नहीं आऊँगी।'

एक क्षण के लिए, वा-थिन के कर्तव्य की दृढता स्नेह के जल से गल गई; उसे पास खींचते हुए उसने मुसकराकर कहा, 'इतनी बड़ी प्रतिज्ञा मत कर बैठो, मा-शोए, मैं जानता हूँ, इसका अंत क्या होगा, परंतु अब और विलंब करने से काम नहीं चलेगा।'

मा-शोए ने वैसे ही मुख से उत्तर दिया, 'मेरे न आने पर, खाने-पहनने से लेकर सभी कामों में तुम्हारी जो दशा होगी, उसे मैं सह नहीं सकूँगी, यह जानकर ही तुम मुझे खदेड़ रहे हो।' यह कहकर वह प्रत्युत्तर की अपेक्षा किए बिना ही तेजी से कमरे से बाहर निकल गई।

चार

लगभग अपराह्न के समय मा-शोए की चाँदी मढ़ी मोरपंखी बैलगाड़ी जब मैदान में आ पहुँची, तब एकत्र जनसमूह प्रचंड कलरव से कोलाहल कर उठा।

वह युवती है, वह सुंदरी है, वह अविवाहिता है, वह विपुल धन की स्वामिनी है। मनुष्य के यौवन-राज्य में उसका स्थान बहुत ऊँचा है। इसीलिए यहाँ भी बड़े सम्मान का आसन उसी के लिए निश्चित हो गया। वह आज पुष्पमाला वितरण करेगी। तत्पश्चात् जो भाग्यवान इस रमणी के गले में जयमाला सबसे पहले पहना सकेगा, उसी का भाग्य आज जैसे संसार के लिए ईर्ष्या की एकमात्र वस्तु होगा।

वह युवती है, वह सुंदरी है, वह अविवाहिता है, वह विपुल धन की स्वामिनी है। मनुष्य के यौवन-राज्य में उसका स्थान बहुत ऊँचा है। इसीलिए यहाँ भी बड़े सम्मान का आसन उसी के लिए निश्चित हो गया। वह आज पुष्पमाला वितरण करेगी। तत्पश्चात् जो भाग्यवान इस रमणी के गले में जयमाला सबसे पहले पहना सकेगा, उसी का भाग्य आज जैसे संसार के लिए ईर्ष्या की एकमात्र वस्तु होगा।

सुसज्जित घोड़ों की पीठ पर लाल रंग की पोशाक पहने हुए अनेक सवार उत्साह और बेचैनी के आवेग को संयत किए हुए थे। देखकर लगता था; आज संसार में उनके लिए असाध्य कुछ भी नहीं है।

क्रमशः समय समीप आ पहुँचा। जो कुछ लोग भाग्य की परीक्षा करने के लिए तैयार थे, वे सब पंक्ति बाँधकर खड़े हो गए, एवं क्षणभर बाद ही घंटों के साथ-साथ, मरने-जीतने की चिंता त्यागकर उन लोगों ने अपने-अपने घोड़े छोड़ दिए।

यह वीरता है, यही युद्ध का अंश है। मा-शोए के पिता-पितामह आदि सभी युद्ध-व्यवसायी थे; नारी होने पर भी, उसकी धमनियों में उन्हीं का रक्त

बह रहा था। जो विजयी होगा, उसे अपना संपूर्ण हृदय देकर स्वागत न करने की क्षमता उसमें नहीं थी।

अतः जब दूसरे गाँव के रहनेवाले एक अपरिचित युवक ने आरक्त-देह, कंपित मुख, पसीने से भरे हुए हाथों से उसके कंठ में जयमाला पहना दी, तब उसके आग्रह की अतिशयता अनेक संभ्रांत स्त्रियों की आँखों में खटके बिना न रही।

लौटते समय उसने गाड़ी में उसे अपने बगल में ही स्थान दिया एवं स्नेहपूर्ण कंठ से कहा, 'आपके लिए मैं बहुत डर गई थी; इतनी बड़ी-बड़ी ऊँची दीवारों में किसी तरह यदि कहीं भी पाँव चूक जाता तो?'

युवक ने नम्रता से गरदन झुका ली, परंतु इस अनुपम साहसी बलिष्ठ वीर के साथ, मा-शोए मन-ही-मन अपने उस दुर्बल, कोमल और सभी विषयों में कुशल चित्रकार के साथ तुलना न कर सकी।

युवक ने नम्रता से गरदन झुका ली, परंतु इस अनुपम साहसी बलिष्ठ वीर के साथ, मा-शोए मन-ही-मन अपने उस दुर्बल, कोमल और सभी विषयों में कुशल चित्रकार के साथ तुलना न कर सकी।

इस युवक का नाम था पो-थिन। बातों-ही-बातों में परिचय होने पर ज्ञात हुआ; यह भी उच्चवंशीय, धनी एवं उसी का दूर का रिश्तेदार है।

इस युवक का नाम था पो-थिन। बातों-ही-बातों में परिचय होने पर ज्ञात हुआ; यह भी उच्चवंशीय, धनी एवं उसी का दूर का रिश्तेदार है।

मा-शोए ने आज बहुत लोगों को अपने घर-सांध्य भोज में निमंत्रित किया था। वे सब तथा अन्य बहुत से लोग भीड़ लगाए उसकी गाड़ी के साथ-साथ आ रहे थे। आनंद के आवेश में उन लोगों के तांडव-नृत्य से उठी हुई धूलि से धूसरित मेघ, और संगीत के असह्य निनाद से संध्या का आकाश उस समय एकदम आच्छन्न लग रहा था।

जनता की यह भयंकर भीड़ जिस समय उसके घर के सामने से आगे निकल गई, उस समय क्षणभर के लिए वा-थिन भी अपने काम को छोड़, खिड़की पर आकर चुपचाप देखने लगा।

पाँच

सांध्य-भोजन के प्रसंग में, दूसरे दिन मा-शोए ने वा-थिन से कहा, कल की संध्या आनंद से कटी। बहुत लोग दया करके आए। चूँकि तुम्हें समय नहीं था, इसलिए तुम्हें नहीं बुलवाया।'

उस चित्र को वह प्राणप्रण से पूरा कर रहा था; मुँह उठाए बिना ही बोला, 'अच्छा ही किया।' यह कहकर वह काम करने लगा।

आश्चर्य से मा-शोए स्तंभित होकर बैठी रही। बात के बोझ से उसका पेट फूल रहा था। कल वा-थिन काम के बोझ से उत्सव में योग नहीं दे सका था; इसी से आज बड़ी देर तक बहुत सी बातें करने की इच्छा लेकर वह आई थी, परंतु सबकुछ उलटा हो गया। केवल अकेले-अकेले प्रलाप तो चल सकता है, परंतु आलाप का काम नहीं चलता; इसीलिए वह केवल स्तब्ध होकर बैठी रही, किसी भी तरह दूसरे पक्ष के प्रबल, उदास्य एवं गंभीर-नीरवता से रुद्ध द्वार को खोलकर भीतर प्रविष्ट होने का आज भरोसा नहीं कर सकी। प्रतिदिन जो सब छोटे-मोटे काम वह कर जाती है, आज वे सब भी पड़े रहे, किसी में हाथ लगाने की उसकी इच्छा नहीं हुई। इसी स्थिति में बहुत समय बीत गया, एक बार भी वा-थिन ने मुँह नहीं उठाया, एक बार एक प्रश्न भी नहीं किया। कल की इतनी बड़ी घटना के संबंध में भी उसका जैसे तनिक भी कौतूहल नहीं है; काम के बीच उसे साँस छोड़ने का भी जैसे अवसर नहीं है।

प्रतिदिन जो सब छोटे-मोटे काम वह कर जाती है, आज वे सब भी पड़े रहे, किसी में हाथ लगाने की उसकी इच्छा नहीं हुई। इसी स्थिति में बहुत समय बीत गया, एक बार भी वा-थिन ने मुँह नहीं उठाया, एक बार एक प्रश्न भी नहीं किया। कल की इतनी बड़ी घटना के संबंध में भी उसका जैसे तनिक भी कौतूहल नहीं है; काम के बीच उसे साँस छोड़ने का भी जैसे अवसर नहीं है।

बहुत देर तक निश्शब्द, कुंठित और लज्जित बनी रहकर, अंत में उठकर

वह कोमल स्वर से बोली, 'आज मैं जाती हूँ।'

वा-थिन ने चित्र के ऊपर आँखें गड़ाए हुए ही कहा, 'जाओ!'

जाते समय मा-शोए जैसे इस व्यक्ति के हृदय की बात को जान गई। पूछ लूँ एक बार, उसकी इच्छा हुई; परंतु मुँह नहीं खोल सकी, चुपचाप बाहर निकल गई।

घर में पाँव रखते ही देखा—पो-थिन बैठा हुआ है; गत रात्रि के आनंद-उत्सव के लिए धन्यवाद देने आया है। अतिथि को मा-शोए ने आग्रहपूर्वक बिठाया।

उस व्यक्ति ने पहले तो मा-शोए के ऐश्वर्य की बात उठाई, फिर उसके वंश की बात, उसके पिता की ख्याति की बात, राजद्वार में उसके सम्मान की बात, ऐसी ही कितनी अनर्गल बातें वह बकता चला गया।

इन सबमें से कुछ को तो उसने सुना और कुछ बातें उसके अन्यमनस्क कानों में पहुँची ही नहीं, परंतु वह व्यक्ति केवल बलिष्ठ एवं साहसी घुड़सवार ही नहीं, अत्यंत धूर्त भी था। मा-शोए की यह उदासीनता उससे छिपी न रही। उसने मांडले के राज-परिवार का प्रसंग उठाकर, अंत में जब सौंदर्य की चर्चा आरंभ की एवं कृत्रिम सरलता से परिपूर्ण होकर, इस रमणी को लक्ष्य एवं उपलक्ष्य करते हुए बारंबार उसके रूप और यौवन को इंगित करने लगा, उस समय उसे मन-ही-मन अत्यंत लज्जा होने लगी, परंतु वह एक अपूर्व आनंद-गौरव का अनुभव किए बिना न रह सकी।

उसने मांडले के राज-परिवार का प्रसंग उठाकर, अंत में जब सौंदर्य की चर्चा आरंभ की एवं कृत्रिम सरलता से परिपूर्ण होकर, इस रमणी को लक्ष्य एवं उपलक्ष्य करते हुए बारंबार उसके रूप और यौवन को इंगित करने लगा, उस समय उसे मन-ही-मन अत्यंत लज्जा होने लगी, परंतु वह एक अपूर्व आनंद-गौरव का अनुभव किए बिना न रह सकी।

वार्त्तालाप समाप्त होने पर पो-थिन ने जब विदा ली, तब आज की रात के लिए भी वह भोजन का निमंत्रण ले गया।

परंतु उसके चले जाने पर, उसकी बातों को मन-ही-मन दुहराकर मा-शोए का मन हीनता एवं ग्लानि से भर उठा तथा उसे निमंत्रित कर डालने के लिए पश्चात्ताप की सीमा भी न रही। उसने झटपट और भी कई बंधु-बांधवों को निमंत्रित करने के लिए नौकर के हाथों पत्र भिजवा दिए। अतिथिगण नियत समय उपस्थित हुए एवं आज भी अनेक हँसी, तमाशे, अनेक गप्पें, अनेक नृत्य-गीतों के साथ जब भोजन-वोजन समाप्त हुआ, तब रात अधिक शेष नहीं थी।

परंतु उसके चले जाने पर, उसकी बातों को मन-ही-मन दुहराकर मा-शोए का मन हीनता एवं ग्लानि से भर उठा तथा उसे निमंत्रित कर डालने के लिए पश्चात्ताप की सीमा भी न रही। उसने झटपट और भी कई बंधु-बांधवों को निमंत्रित करने के लिए नौकर के हाथों पत्र भिजवा दिए। अतिथिगण नियत समय उपस्थित हुए एवं आज भी अनेक हँसी, तमाशे, अनेक गप्पें, अनेक नृत्य-गीतों के साथ जब भोजन-वोजन समाप्त हुआ, तब रात अधिक शेष नहीं थी।

क्लांत-परिश्रांत होकर वह सोने गई, परंतु आँखों में नींद नहीं आई, परंतु आश्चर्य ही था कि जिसकी वजह से अपना प्रत्येक क्षण वह इस प्रकार काट रही थी, उसकी एक बात भी उसके मन में नहीं उठी। वह सब मानो कितने ही युगों का पुराना और बेकार प्रसंग है, ऐसा ही शुष्क, ऐसा ही नीरस। उसे बार-बार याद आने लगा और दूसरा ही व्यक्ति, जो उसी के उद्यान प्रांत में, एक निर्जन घर में इस समय निर्विघ्न है, आज की इतनी बड़ी धमा-चौकड़ी का लेश-मात्र भी उसके कानों में जाने के लिए छोटा सा मार्ग भी कहीं से ढूँढ़े न पा सका।

छह

बहुत दिनों का अभ्यास सबेरा होते ही मा-शोए को खींचने लगा। फिर वह वा-थिन के घर जा पहुँची।

प्रतिदिन की भाँति आज भी उसने केवल एक बार, 'आओ' कहकर ही अपनी सहज अभ्यर्थना समाप्त कर काम में मन लगा दिया; परंतु पास बैठकर भी मा-शोए को आज मन में यही लगने लगा कि वह कर्मनिरत, नीरव व्यक्ति उससे बहुत दूर हट गया है।

बहुत देर तक मा-शोए कोई बात ढूँढ़कर भी नहीं पा सकी। तदुपरांत हठकर पूछा, 'तुम्हारा काम और कितना बाकी है?'

'बहुत।'

'तब इन दो दिनों तक क्या किया?'

वा-थिन इसका उत्तर न देकर, चुरुट का बक्स उसकी ओर बढ़ाते हुए बोला, 'शराब की यह गंध मैं सह नहीं सकता।'

मा-शोए इस संकेत को समझ गई। जल-भुनकर हाथ से बक्स को जोर से सरकाती हुई बोली, 'मैं सवेरे-सवेरे चुरुट नहीं पीती, चुरुट पीकर दुर्गंध छिपाने की चेष्टा भी नहीं करती, मैं नीच कुल की लड़की नहीं हूँ।'

वा-थिन ने मुँह उठाकर शांत कंठ से कहा, 'शायद तुम्हारे कपड़ों में किसी प्रकार लग गई होगी। शराब की गंध की बात मैं बनाकर नहीं कर रहा।'

मा-शोए इस संकेत को समझ गई। जल-भुनकर हाथ से बक्स को जोर से सरकाती हुई बोली, 'मैं सवेरे-सवेरे चुरुट नहीं पीती, चुरुट पीकर दुर्गंध छिपाने की चेष्टा भी नहीं करती, मैं नीच कुल की लड़की नहीं हूँ।'
वा-थिन ने मुँह उठाकर शांत कंठ से कहा, 'शायद तुम्हारे कपड़ों में किसी प्रकार लग गई होगी। शराब की गंध की बात मैं बनाकर नहीं कर रहा।'

मा-शोए विद्युत्-वेग से उठ खड़ी हुई, 'तुम जैस नीच हो, वैसे ही ईर्ष्यालु भी हो, तभी मेरा बिना दोष के अपमान किया है। अच्छा, यही ठीक है, अपने कपड़े-लत्तों को मैं तुम्हारे घर से सदैव के लिए हटाए ले जा रही हूँ।' यह कहकर वह प्रत्युत्तर की अपेक्षा किए बिना ही, शीघ्रतापूर्वक घर छोड़कर जाने लगी। वा-थिन ने पीछे से पुकारकर उसी भाँति संयत स्वर में

कहा, 'मुझे नीच और ईर्ष्यालु तो किसी ने कभी नहीं कहा। तुम एकदम ही अधोमार्ग पर जाने के लिए उद्यत हो गई हो, इसी से सावधान किया है।'

मा-शोए ने लौटकर खड़े होते हुए कहा, 'अधोमार्ग पर कैसे चली गई ?'

'मुझे तो यही लगता है।'

'अच्छा, इस समझ को स्वयं ही लिए रहो! परंतु जिसके पिता आशीर्वाद दे गए हैं, संतान के लिए अभिशाप नहीं छोड़ गए, उसके साथ तुम्हारे मन का मेल नहीं हो सकता।'

यह कहकर वह चली गई, परंतु वा-थिन स्थिर होकर बैठा रहा। कोई बिना कारण उसे इस प्रकार मर्मांतक रूप से बेध सकता है, इतना प्यार एक दिन में ही इतना जहरीला हो सकता है, इसे वह सोच भी नहीं सका।

मा-शोए ने घर आकर देखा—पो-थिन बैठा है। वह चकित होकर खड़े होते हुए, अत्यंत मधुर स्वर में थोड़ा सा हँसा।

हँसी देखकर मा-शोए की दोनों भौंहें शायद अनजाने में ही कुंचित हो उठीं, बोली, 'आपको क्या कोई विशेष काम है ?'

मा-शोए ने घर आकर देखा—पो-थिन बैठा है। वह चकित होकर खड़े होते हुए, अत्यंत मधुर स्वर में थोड़ा सा हँसा। हँसी देखकर मा-शोए की दोनों भौंहें शायद अनजाने में ही कुंचित हो उठीं, बोली, 'आपको क्या कोई विशेष काम है ?'

'नहीं, काम तो ऐसा⋯'

'तब तो मुझे समय नहीं है।' कहकर पास की सीढ़ी से मा-शोए ऊपर चली गई।

गत रात्रि की बात स्मरण कर पो-थिन एकदम हतबुद्धि हो गया, परंतु चपरासी के सामने आते ही, सूखी हँसी के साथ उसके हाथ में एक रुपया पकड़ाकर, सीटी बजाता-बजाता बाहर चला गया।

सात

बचपन से जिन दो व्यक्तियों का कभी एक क्षण के लिए भी विच्छेद नहीं हुआ, भाग्य की विडंबना से, आज एक मास से अधिक का समय बीत गया है, किसी के साथ किसी का साक्षात्कार नहीं हुआ।

मा-शोए यह कहकर अपने को समझाने की चेष्टा करती है कि यह एक तरह से अच्छा ही हुआ, कि जो मोह-जाल इतने लंबे समय से उसे कठिन बंधन में बाँधकर रखे हुए था, वह टूट गया और उसके साथ अब कोई संबंध नहीं है। इस धनी कन्या की उद्दाम प्रकृति ने पिता के समय में भी कई बार ऐसे ही अनेक काम करने चाहे थे, जिन्हें वह केवल गंभीर और संयतचित्त वा-थिन की नाराजगी के भय से ही नहीं कर पाई; परंतु आज वह स्वाधीन, स्वयं ही अपनी मालिक है। कहीं भी, किसी के भी सामने और लेशमात्र भी जवाबदेही नहीं करती है। इसी एक बात को लेकर उसने मन-ही-मन अनेक उधेड़बुन, अनेक जोड़-तोड़ कीं; परंतु एक पल के लिए भी कभी अपने हृदय के निगूढ़तम गृह के द्वार को खोलकर नहीं देखा कि वहाँ क्या है। देखने पर देख लेती कि अब तक वह स्वयं को ही ठगती आई है; उस एकांत और गुप्त कक्ष में दिन-रात दोनों ही आमने-सामने बैठे हुए हैं, प्रेमालाप नहीं कर रहे, कलह नहीं कर रहे, केवल चुपचाप दोनों की आँखों से आँसू बहे चले जा रहे हैं।

> *अपने जीवन का यह एकांत करुण-चित्र ही उसके मन की आँखों से अगोचर था; इसीलिए इस बीच उसके घर में अनेक उत्सव-रात्रियों के निष्फल अभिनय हो गए, पराजय की लज्जा ने उसे धूलि में नहीं मिला दिया। परंतु आज का दिन ठीक उसी तरह नहीं कटना चाहता। क्यों? वही सुनिए।*

अपने जीवन का यह एकांत करुण-चित्र ही उसके मन की आँखों से अगोचर था; इसीलिए इस बीच उसके घर में अनेक उत्सव-रात्रियों के निष्फल अभिनय हो गए, पराजय की लज्जा ने उसे धूलि में नहीं मिला दिया।

परंतु आज का दिन ठीक उसी तरह नहीं कटना चाहता। क्यों? वही सुनिए।

प्रतिवर्ष जन्मतिथि के उपलक्ष्य में उसके घर में एक आमोद-आह्लाद और भोजन-दान का अनुष्ठान होता है। आज वही आयोजन कुछ अतिरिक्त आडंबर के साथ हो रहा है। घर के दास-दासी से शुरू करके पड़ोसियों तक ने आकर योग दिया है। केवल उसका स्वयं का मन किसी काम में नहीं लग रहा। आज सबेरे से ही उसके मन को लग रहा है—सब व्यर्थ है, सब पाखंड है। न जाने कैसे इतने दिनों तक उसे यह लगता रहा कि वह भी दुनिया के अन्य सभी लोगों की भाँति है, वह भी मनुष्य है, वह भी ईर्ष्या से परे नहीं है। उसके घर में यह सब जो आनंद-उत्सव के लगातार और नए-नए आयोजन हो रहे हैं, इनकी बात क्या उसकी बंद खिड़की को भेदकर उस एकांत कक्ष में जाकर पहुँचती नहीं है? उसके काम में क्या बाधा नहीं देती?

संभव है, वह अपनी तूलिका को छोड़कर कभी स्थिर होकर बैठता हो, कभी अस्थिर तेज कदमों से घर के भीतर घूमता हो, कभी निद्राविहीन शौक-शय्या पर लेटकर सारी रात जलता-मरता, और…' किंतु छोड़ो इन सबको।

कल्पना में प्रतिदिन मा-शोए एक प्रकार का तीक्ष्ण आनंद अनुभव करती थी, परंतु आज अचानक मन को लग रहा है, कुछ भी नहीं, कुछ भी नहीं! उसके किसी भी काम में कोई विघ्न नहीं पड़ता। सब मिथ्या है, सब धोखा है। वह पकड़ना भी नहीं चाहता, खुद पकड़ना भी नहीं चाहता। वह कैसी दुर्बल देह, अकस्मात् किस प्रकार मानो एकदम पहाड़ की भाँति कठोर और अचल हो गई है, कहीं की कोई भी आँधी उसे रत्तीभर भी विचलित नहीं कर पाती।

कल्पना में प्रतिदिन मा-शोए एक प्रकार का तीक्ष्ण आनंद अनुभव करती थी, परंतु आज अचानक मन को लग रहा है, कुछ भी नहीं, कुछ भी नहीं! उसके किसी भी काम में कोई विघ्न नहीं पड़ता। सब मिथ्या है, सब धोखा है।

वह पकड़ना भी नहीं चाहता, खुद पकड़ना भी नहीं चाहता। वह कैसी दुर्बल देह, अकस्मात् किस प्रकार मानो एकदम पहाड़ की भाँति कठोर और अचल हो गई है, कहीं की कोई भी आँधी उसे रत्तीभर भी विचलित नहीं कर पाती।

फिर भी जन्मदिन के उत्सव का विराट् आयोजन आडंबर सहित चल रहा था। पो-थिन आज सब जगह, सब कामों में लगा था। यही क्यों, परिचितों के बीच एक कानाफूसी चल रही थी कि एक दिन यही व्यक्ति इस घर का स्वामी हो जाएगा एवं जान पढ़ता है, वह दिन अधिक दूर भी नहीं।

गाँव के स्त्री-पुरुषों से मकान भर गया, चारों ओर आनंद-कलरव! परंतु जिसके लिए यह सब है, वही मनुष्य अनमना है, उसी का मुख उदासी की छाया से घिरा है, परंतु यह छाया बाहरी किसी व्यक्ति की आँखों में प्रागः नहीं पड़ी, पड़ी केवल घर के पुराने दास-दासियों की आँखों में और पड़ी शायद उसके, जो अलक्ष्य होने पर भी सबकुछ देख लेते हैं। केवल वे ही देख रहे थे कि इस लड़की के समक्ष आज सब केवल विडंबना है। इस जन्मतिथि के दिन, प्रतिवर्ष जो व्यक्ति सबसे पहले चुपचाप उसके गले में आशीर्वाद की माला पहना देता था, आज वह व्यक्ति नहीं, वह माला नहीं है, उस आशीर्वाद का आज अभाव है।

मा-शोए के पिता के समय के एक वृद्ध ने आकर कहा, 'छोटी बिटिया, वा-थिन कहाँ है? उसको तो देखा ही नहीं!'

बूढ़ा कुछ समय पहले ही नौकरी से अवकाश ग्रहणकर चला गया था, उसका घर भी दूसरे गाँव में था। इस मनमुटाव की बात वह नहीं जानता था।

> *मा-शोए के पिता के समय के एक वृद्ध ने आकर कहा, 'छोटी बिटिया, वा-थिन कहाँ है? उसको तो देखा ही नहीं!' बूढ़ा कुछ समय पहले ही नौकरी से अवकाश ग्रहणकर चला गया था, उसका घर भी दूसरे गाँव में था। इस मनमुटाव की बात वह नहीं जानता था। आज आकर दास-दासियों से सुना था। मा-शोए उद्धत भाव से बोली, 'देखने की जरूरत है तो उसके घर जाओ, मेरे यहाँ क्यों आए?'*

आज आकर दास-दासियों से सुना था। मा-शोए उद्धत भाव से बोली, 'देखने की जरूरत है तो उसके घर जाओ, मेरे यहाँ क्यों आए?'

'ठीक है, वहीं जाता हूँ' कहकर वृद्ध चला गया। मन-ही-मन कहता गया, 'केवल उसे अकेले देखने से तो काम नहीं चलेगा, तुम दोनों व्यक्तियों को ही मैं एक साथ देखना चाहता हूँ अन्यथा इतना मार्ग चलकर व्यर्थ ही आया हूँ!'

परंतु बूढ़े के मन की बात इस नवीना से छिपी न रही। उस समय तक वह एक प्रकार की सशंकित अवस्था में ही सब कामों के बीच समय काट रही थी; सहसा एक दबे कंठ का अस्फुट शब्द सुनकर उसने देखा—वा-थिन! उसके सर्वांग में बिजली दौड़ गई, परंतु पलक मारते ही उसने स्वयं को सँभाल लिया और मुँह फेरकर अन्यत्र चली गई।

थोड़ी देर बाद बूढ़े ने आकर कहा, 'छोटी बिटिया, जो भी हो, तुम्हारा अतिथि है, उससे बात भी नहीं करोगी क्या?'

'परंतु तुमसे मैंने उन्हें बुला लाने को तो नहीं कहा था।'

'यही तो मुझसे अपराध हो गया है', यह कहकर वह लौटा जा रहा था। मा-शोए ने पुकारकर कहा, 'अच्छा, मुझे छोड़कर और भी तो लोग हैं, वे तो बात कर सकते हैं!'

बूढ़ा बोला, 'वे कर सकते हैं; परंतु अब आवश्यकता नहीं, वे चले गए हैं।'

मा-शोए क्षण भर स्तब्ध रह गई। तदुपरांत बोली, 'मेरा भाग्य! नहीं तो तुम ही उनसे खाकर जाने की बात कह सकते थे!'

'नहीं, मैं इतना निर्लज्ज नहीं हूँ', कहकर बूढ़ा नाराज होकर चला गया।

आठ

इस अपमान से वा-थिन की आँखों में पानी भर आया, परंतु उसने किसी को दोष नहीं दिया, केवल स्वयं को बारंबार धिक्कारते हुए कहा, 'यह ठीक ही हुआ। मेरे जैसे निर्लज्ज के लिए यही आवश्यक था।'

परंतु 'आवश्यक' तो इसी जगह—इस एक रात के भीतर ही पूरी नहीं

हुई; उसकी अपेक्षा बहुत अधिक अपमान, जो उसके भाग्य में थे, वे भी दो दिन बाद बहुत से मिल गए, और ऐसी बहुतायत से मिले कि उस लज्जा को जीवनभर कहाँ रखे, उसकी समझ में कुछ नहीं आया।

जिस तसवीर की बात को लेकर यह कहानी आरंभ हुई थी, जातक कथाओं का वह गोपा का चित्र इतने दिनों में पूरा हुआ है। एक मास से अधिक समय के अविश्राम परिश्रम का फल आज पूर्ण हुआ है। सुबह के सारे समय वह इसी आनंद में मगन रहा।

जिस तसवीर की बात को लेकर यह कहानी आरंभ हुई थी, जातक कथाओं का वह गोपा का चित्र इतने दिनों में पूरा हुआ है। एक मास से अधिक समय के अविश्राम परिश्रम का फल आज पूर्ण हुआ है। सुबह के सारे समय वह इसी आनंद में मगन रहा।

चित्र राजदरबार में जाएगा। जो दाम देकर ले जाएगा, वह सूचना पाकर आ उपस्थित हुआ, परंतु चित्र का आवरण हटाते ही वह चौंक गया। चित्र के संबंध में वह अनाड़ी नहीं था; बहुत देर तक एकटक देखते रहने के बाद क्षुब्ध स्वर में बोला, 'यह चित्र मैं राजा को नहीं दे सकूँगा!'

वा-थिन ने भय और विस्मय से हतबुद्धि होते हुए पूछा, 'क्यों?'

'उसका कारण यह है कि इस मुँह को मैं पहचानता हूँ। मनुष्य का चेहरा देकर देवता बनाना, देवता का अपमान करना है! यह बात मालूम हो जाने पर राजा मेरा मुँह भी नहीं देखेंगे!' यह कहकर वह चित्रकार के विस्फारित-व्याकुल नेत्रों की ओर क्षणभर देखते रहने के बाद मुँह बनाकर हँसता हुआ बोला, 'थोड़ा सा ध्यान देकर देखने से ही पहचान जाओगे कि यह कौन है। यह तसवीर नहीं चलेगी।'

वा-थिन की आँखों पर से धीरे-धीरे एक कुहरे का परदा हटता जा रहा था। भद्रपुरुष के चले जाने पर भी वह उसी प्रकार दृष्टि गड़ाए खड़ा रहा। उसकी आँखों से पानी बहने लगा। अब उसे समझने को बाकी नहीं रहा कि इतने दिनों तक इस प्राणांत-परिश्रम के द्वारा उसने हृदय के अंत:स्थल से जिस सौंदर्य,

जिस माधुर्य को खींचकर बाहर निकाला है, देवता के रूप में जो उसे दिन-रात छलता रहा है, वह जातक-कथा की गोपा नहीं, वह उसी की मा-शोए है।

आँख बंद करके मन-ही-मन उसने कहा, 'भगवान्! मुझे इस तरह विडंबित किया, तुम्हारा मैंने क्या बिगाड़ा था?'

नौ

पो-थिन साहस पाकर बोला, 'तुम्हारी देवता भी कामना करते हैं, मा-शोए, मैं तो मनुष्य हूँ।'

मा-शोए ने अन्यमनस्क की भाँति उत्तर दिया, 'परंतु जो नहीं करता, वह शायद देवता से भी बड़ा है।'

परंतु इस प्रसंग को उसने और आगे नहीं बढ़ने दिया; कहा, 'सुना है, दरबार में आपका बहुत सम्मान है। मेरा एक काम करा सकेंगे? बहुत जल्दी?'

पो-थिन ने उत्सुक होकर पूछा, 'क्या?'

'एक आदमी से मुझे रुपए लेने हैं, परंतु वसूल नहीं कर सकती। कोई लिखा-पढ़ी नहीं है। आप कुछ उपाय कर सकेंगे?'

'कर सकूँगा! परंतु तुम क्या जानती नहीं, यह राजकर्मचारी (मैं) कौन है?' कहकर वह हँस पड़ा।

इस हँसी में ही स्पष्ट उत्तर था। मा-शोए व्यग्र होकर उसका हाथ पकड़ती हुई बोली, 'तब एक दिन में ही उपाय कीजिए। आज ही। मैं अब एक दिन का भी विलंब करना नहीं चाहती।'

पो-थिन ने गरदन हिलाकर कहा, 'ठीक, यही होगा!'

यह ऋण हमेशा से इतना तुच्छ, इतना असंभव, इतना हास्यास्पद था

*मा-शोए ने अन्यमनस्क की भाँति उत्तर दिया, 'परंतु जो नहीं करता, वह शायद देवता से भी बड़ा है।'
परंतु इस प्रसंग को उसने और आगे नहीं बढ़ने दिया; कहा, 'सुना है, दरबार में आपका बहुत सम्मान है। मेरा एक काम करा सकेंगे? बहुत जल्दी?'
पो-थिन ने उत्सुक होकर पूछा, 'क्या?'*

कि इस संबंध में किसी ने भी चिंता तक नहीं की थी, परंतु राजकर्मचारी को पाने की आशा से, मा-शोए का समस्त शरीर एक क्षण की उत्तेजना से खिल उठा। वह दोनों आँखें फैलाकर, पिछली सारी बातों को मानो भूलकर कहने लगी, 'मैं कुछ भी नहीं छोड़ सकती, एक कौड़ी भी नहीं। जोंक जिस तरह रक्त सोख लेती है, ठीक उसी प्रकार। आज ही, अभी नहीं होगा?'

इस संबंध में उस व्यक्ति से अधिक कहने की आवश्यकता न थी। यह उसकी आशा से भी परे था। वह भीतर के आनंद और आग्रह को किसी प्रकार संवरण करके बोला, 'राजा का कानून कम-से-कम सात दिन का समय चाहता है। इतने सगय तक, किसी भी प्रकार धीरज धरकर रहना ही होगा। उसके पश्चात् जो खुशी हो, चाहे जितनी खुशी से रक्त चूसो, मैं आपत्ति नहीं करूँगा।'

'यह ठीक है, परंतु अब आप जाइए।' यह कहकर वह जैसे एक प्रकार से छूट भागी।

इस दुर्बोध्य लड़की के प्रति उस मनुष्य के लोभ की सीमा नहीं थी। तभी अनेक अवहेलनाओं को वह चुपचाप पचा जाता था, आज भी पचा गया। अपितु घर लौटने के मार्ग पर, उसका पुलकित चित्त पुनः अपने आपसे कहने लगा—अब शायद अधिक विलंब न होगा। यह बात सत्य है, परंतु कितना शीघ्र और कितना बड़ा विस्मय भगवान् ने उसके भाग्य में लिख रखा था, यह आज कल्पना करने पर भी उसके लिए संभव नहीं हुआ।

इस दुर्बोध्य लड़की के प्रति उस मनुष्य के लोभ की सीमा नहीं थी। तभी अनेक अवहेलनाओं को वह चुपचाप पचा जाता था, आज भी पचा गया। अपितु घर लौटने के मार्ग पर, उसका पुलकित चित्त पुनः अपने आपसे कहने लगा—अब शायद अधिक विलंब न होगा। यह बात सत्य है, परंतु कितना शीघ्र और कितना बड़ा विस्मय भगवान् ने उसके भाग्य में लिख रखा था, यह आज कल्पना करने पर भी उसके लिए संभव नहीं हुआ।

दस

ऋण के दावे का सम्मन आया। कागजों को हाथ में लेकर वा-थिन बहुत देर तक चुपचाप बैठा रहा। ठीक इस बात की तो उसे बिल्कुल आशंका न थी, परंतु आश्चर्य भी नहीं हुआ। समय थोड़ा है, शीघ्र ही कुछ करना चाहिए, उसने सोचा।

एक दिन कभी मा-शोए ने क्रुद्ध होकर उसके पिता की फिजूलखर्ची के प्रति विद्रोह किया था, उसका यह अपराध उसे भूलता नहीं, क्षमा भी नहीं किया। इसलिए वह मोहलत माँगकर उनका और अपमान कराने की कल्पना भी नहीं कर सका। केवल चिंता यही थी कि उसका जो कुछ है, सबको देकर भी पिता को ऋण-मुक्त किया जा सकेगा या नहीं? गाँव में ही एक व्यक्ति धनी महाजन था। दूसरे ही दिन सबेरे उसके पास जाकर उसने अपना सबकुछ बेच देने का प्रस्ताव किया। देखा गया कि वह जो देना चाहता है, वही बहुत है। रुपए लेकर वह घर आया, परंतु एक व्यक्ति की अकारण हृदयहीनता ने उसकी संपूर्ण देह और मन के ऊपर अज्ञात भाव से कितना बड़ा आघात पहुँचाया है, इसे वह तब जान पाया, जब ज्वर में गिर पड़ा।

किस तरह दिन-रात कट गए, उसका खयाल ही न रहा। होश आने पर उसने उठकर बैठते हुए देखा—वह दिन ही कर्ज अदा करने की अवधि का अंतिम दिन है।

आज अंतिम दिन है। अपने सूने कक्ष में बैठी हुई मा-शोए कल्पना का जाल बुन रही थी। उसके स्वयं के अहंकार ने प्रतिक्षण चोट खा-खाकर एक दूसरे व्यक्ति के अहंकार को आकाशभेदी पर्वत बनाकर खड़ा कर

आज अंतिम दिन है। अपने सूने कक्ष में बैठी हुई मा-शोए कल्पना का जाल बुन रही थी। उसके स्वयं के अहंकार ने प्रतिक्षण चोट खा-खाकर एक दूसरे व्यक्ति के अहंकार को आकाशभेदी पर्वत बनाकर खड़ा कर दिया था। वही विराट् अहंकार आज उसके पाँवों पर गिरकर मिट्टी में मिल जाएगा, इसमें उसे लेशमात्र संदेह नहीं था।

दिया था। वही विराट् अहंकार आज उसके पाँवों पर गिरकर मिट्टी में मिल जाएगा, इसमें उसे लेशमात्र संदेह नहीं था।

इसी समय नौकर ने आकर बताया; नीचे वा-थिन प्रतीक्षा कर रहे हैं। मा-शोए मन-ही-मन क्रूर हँसी हँसती हुई बोली, 'मैं जानती हूँ।' वह स्वयं भी इसी की प्रतीक्षा कर रही थी।

मा-शोए के नीचे आते ही वा-थिन उठकर खड़ा हो गया; परंतु उसके मुँह की ओर देखते ही मा-शोए की छाती में शूल चुभ गया। रुपए वह नहीं चाहती, रुपए के प्रति लोभ उसका कानी-कौड़ी के बराबर भी नहीं है, परंतु उसी रुपए का नाम लेकर कितना भयंकर अत्याचार किया जा सकता है, इसे उसने आज ही देखा। वा-थिन ने पहले ही बात की, बोला, 'आज सात दिन की अवधि का अंतिम दिन है, तुम्हारे रुपए लाया हूँ।'

हाय रे मनुष्य! मरने को बैठा होने पर भी घमंड नहीं छोड़ना चाहता, अन्यथा प्रत्युत्तर में मा-शोए के अपने मुँह से किस प्रकार ऐसी बात बाहर निकल पाती कि 'मैं कुछ थोड़े से रुपए नहीं चाहती, ऋण के संपूर्ण रुपए चुकाने के लिए कहा है।'

वा-थिन का पीड़ित, शुष्क मुख हँसी से भर गया, बोला, 'वही है, तुम्हारे सभी रुपए लाया हूँ।'

'सब रुपए? कहाँ से पाए?'

'कल ही जान जाओगी। इस बक्स में रुपए हैं, किसी को भी गिन लेने के लिए कहो।'

हाय रे मनुष्य! मरने को बैठा होने पर भी घमंड नहीं छोड़ना चाहता, अन्यथा प्रत्युत्तर में मा-शोए के अपने मुँह से किस प्रकार ऐसी बात बाहर निकल पाती कि 'मैं कुछ थोड़े से रुपए नहीं चाहती, ऋण के संपूर्ण रुपए चुकाने के लिए कहा है।'

गाड़ीवान ने दरवाजे से उसे लक्ष्य करते हुए पूछा, 'और कितनी देर लगेगी? समय रहते बाहर नहीं निकल सके, तो पेंगू में रात को ठहरने की जगह नहीं मिलेगी।'

मा शोए ने गरदन बढ़ाकर देखा—रास्ते पर बक्स, बिछौना आदि बोझ

मा-शोए ने गरदन बढ़ाकर देखा—रास्ते पर बक्स, बिछौना आदि बोझ रखे हुए गाड़ीवान खड़ा है। भय से निमिषभर में उसका मुख विवर्ण हो उठा। व्याकुल होकर वह एक बार में सहस्रों प्रश्न करने लगा, 'पेंगू कौन जाएगा? गाड़ी किसकी है? कहाँ से इतने रुपए मिले? चुप क्यों हो? तुम्हारी आँखें इतनी किसलिए सूख गई हैं? कल क्या जानूँगी? आज कहते हुए तुम्हारा…'

रखे हुए गाड़ीवान खड़ा है। भय से निमिषभर में उसका मुख विवर्ण हो उठा। व्याकुल होकर वह एक बार में सहस्रों प्रश्न करने लगा, 'पेंगू कौन जाएगा? गाड़ी किसकी है? कहाँ से इतने रुपए मिले? चुप क्यों हो? तुम्हारी आँखें इतनी किसलिए सूख गई हैं? कल क्या जानूँगी? आज कहते हुए तुम्हारा…'

कहते-कहते उसने आत्मविस्मृत हो, पास आकर उसका हाथ पकड़ लिया, 'ओफ, तुम्हें तो बुखार है! तभी तो कहती हूँ, मुँह इतना फीका क्यों है।'

'वा-थिन ने अपने को मुक्त करते हुए शांत-मृदु कंठ से कहा, 'बैठो! कहकर वह स्वयं ही बैठ गया, बोला, 'मैं माँड़ले जा रहा हूँ। आज तुम मेरा एक अंतिम अनुरोध सुनोगी?'

मा-शोए ने गरदन हिलाकर जताया, वह सुनेगी। वा-थिन तनिक स्थिर होकर बोला, 'मेरा अंतिम अनुरोध है, सुपात्र देखकर किसी के साथ शीघ्र विवाह कर लेना, इस तरह अविवाहित दशा में और अधिक दिन मत रहना, एक और भी बात…'

यह कहकर वह फिर कुछ देर के लिए चुप रहकर, इस बार और भी कोमल कंठ से कहने लगा, 'एक और बात तुम्हें सदैव मन में रखने के लिए कहता हूँ, इस बात को कभी भूलना नहीं कि लज्जा की भाँति अभिमान भी स्त्रियों का आभूषण है, परंतु अति करने से…'

मा-शोए अधीर होकर बीच में ही बोल उठी, 'यह सब फिर किसी दिन सुनूँगी। रुपए कहाँ से पाए?'

वा-थिन हँसा। कहा, 'यह बात क्यों पूछती हो ? मेरी कौन सी बात तुम नहीं जानतीं ?'

'रुपए कहाँ से पाए ?'

वा-थिन थूक निगलकर इधर-उधर करता हुआ अंत में बोला, 'पिता का ऋण उन्हीं की संपत्ति देकर चुकाया गया है, अन्यथा मेरा अपना और क्या था ?'

'तुम्हारा फूलों का बगीचा ?'

'वह भी तो बाबा का था।'

'तुम्हारी इतनी पुस्तकें ?'

'पुस्तकें लेकर अब क्या करूँगा ? इसके अतिरिक्त, वे भी तो उन्हीं की ही थीं।'

वा-थिन थूक निगलकर इधर-उधर करता हुआ अंत में बोला, 'पिता का ऋण उन्हीं की संपत्ति देकर चुकाया गया है, अन्यथा मेरा अपना और क्या था ?'

'तुम्हारा फूलों का बगीचा ?'

'वह भी तो बाबा का था।'

'तुम्हारी इतनी पुस्तकें ?'

'पुस्तकें लेकर अब क्या करूँगा ? इसके अतिरिक्त, वे भी तो उन्हीं की ही थीं।'

मा-शोए एक निःश्वास छोड़ती हुई बोली, 'चलो अच्छा ही हुआ। अब ऊपर जाकर सो जाओ, चलो।'

'परंतु आज तो मुझे जाना ही होगा।'

'इस ज्वर को लेकर ? यह क्या तुम्हें सचमुच ही विश्वास है कि तुम्हें मैं इस अवस्था में छोड़ दूँगी ?' यह कहकर उसने पास जाकर फिर हाथ पकड़ लिया। इस बार वा-थिन ने विस्मय से देखा—मा-शोए का चेहरा पलभर में ही एकदम परिवर्तित हो गया है। उस मुख पर विषाद, विद्वेष, निराशा, लज्जा, अभिमान, किसी का चिह्न भी नहीं है। केवल विराट् स्नेह और वैसी ही विपुल शंका। इस मुख ने एकदम मंत्रमुग्ध कर दिया; वह चुपचाप, धीरे-धीरे, उसके पीछे-पीछे शयन-कक्ष में आ उपस्थित हुआ।

उसको शय्या पर सुलाकर मा-शोए पास ही बैठ गई, दोनों सजल-तृप्त नेत्रों को उसके पीले मुख पर जमाती हुई बोली, 'तुम सोचते होंगे, थोड़े से रुपए ले आने पर ही मेरा ऋण चुक गया ? माँड़ले की बात छोड़ दो, मेरे

हुक्म के बिना इस घर से बाहर जाते ही, मैं छत से नीचे कूदकर आत्महत्या कर लूँगी। तुमने मुझे बहुत दुःख दिया है, परंतु अब किसी तरह दुःख नहीं सहूँगी, यह तुमसे मैंने निश्चयपूर्वक कह दिया है।'

वा-थिन ने फिर जवाब नहीं दिया। शरीर पर चादर खींचकर वह एक दीर्घ निश्श्वास छोड़ता हुआ करवट बदलकर सो गया।

□

एकादशी वैरागी

कालीदह गाँव ब्राह्मण-प्रधान स्थान है। यहाँ के गोपाल मुखर्जी का लड़का अपूर्व, बचपन से ही लड़कों का सरदार था। इस बार जब वह पाँच-छह वर्ष तक कलकत्ते के मेस में रहकर, ऑनर्स सहित बी.ए. पास करके घर लौटकर आया, तब गाँव में उसके प्रभाव और प्रतिष्ठा की कोई सीमा नहीं रही। गाँव में एक जीर्ण-शीर्ण हाईस्कूल था, उसके समवयस्क इस बीच में पढ़ाई समाप्त करके संध्या-पूजा छोड़कर, दस आना, छह आना बाल छँटवा बैठे थे; परंतु कलकत्ते से लौट इस ग्रेजुएट लड़के के मस्तक के बाल एक समान और उनके ठीक बीचोबीच एक मोटी सी चोटी की स्थापना देखकर केवल छोकरे ही क्यों, उसके बाबा तक आश्चर्य से दंग रह गए। शहर की सभा-समितियों में योग देकर, ज्ञानी लोगों की वक्तृता सुनकर अपूर्व सनातन हिंदू धर्म के अनेक निगूढ़ रहस्यों का मर्म समझकर गाँव लौटा था। अब वह अपने साथियों के बीच इसी बात का मुक्त कंठ से प्रचार करने लगा कि इस हिंदू धर्म के समान शाश्वत धर्म और कोई नहीं है। कारण, इसकी प्रत्येक व्यवस्था विज्ञान-सम्मत है। चोटी की वैद्युतिक उपयोगिता, शरीर-रक्षा के संबंध में संध्या-पूजा की परम उपकारिता, कच्चे केले खाने की रासायनिक प्रतिक्रिया इत्यादि बहुतेरे अज्ञात विषयों की व्याख्या सुनकर गाँव के बच्चे-बूढ़े तक मुग्ध हो गए एवं उसका फल यह हुआ कि थोड़े समय में ही लड़कों ने चोटी से आरंभ कर संध्या-पूजा, एकादशी, पूर्णिमा और गंगास्नान तक की धूम मचा दी, जिससे घर की स्त्रियाँ भी हार मान गईं। हिंदू धर्म के पुनरुद्धार,

देशोद्धार इत्यादि की अकल्पना-परिकल्पना से युवकों में एकदम शोर मच गया। बड़े-बूढ़े कहने लगे, हाँ गोपाल मुखर्जी का भाग्य अच्छा है! माँ लक्ष्मी की जैसी सुदृष्टि है, संतान भी वैसी ही पैदा हुई है अन्यथा आजकल के जमाने में, इतनी अंग्रेजी पास करके भी, इस उम्र में ऐसी धर्म में मति-गति कितनों में दिखाई देती है! अस्तु, गाँव में अपूर्व एक 'अपूर्व' वस्तु हो उठा।

उसकी हिंदू धर्म-प्रचारिणी, धूम्रपान-निवारिणी और दुर्नीति-दलनी, इन तीन-तीन सभाओं की उछलकूद से गाँव के किसान-मजदूरों का दल तक घबरा उठा। पाँच कौड़ी तेवर ने ताड़ी पीकर अपनी स्त्री को मारा है, सुनते ही अपूर्व ने सदल-बल उपस्थित होकर पाँच कौड़ी को इस प्रकार डराया-धमकाया कि दूसरे ही दिन पाँच कौड़ी की स्त्री, पति को लेकर अपने मायके भाग गई। भगा कावरा बहुत रात बीते बंबे से मछली पकड़कर घर लौटते समय रास्ते में शायद गाँजे की झोंक में 'विद्यासुंदर' नाटक की मालिनी का गाना गाता चला जा रहा था। ब्राह्मण-पाड़ा के अविनाश के कान में वह पड़ा, तो उसकी नाक से उसने खून निकालकर ही छोड़ा। दुर्गा डोम का चौदह-पंद्रह वर्ष का लड़का बीड़ी पीता हुआ मैदान से जा रहा था, अपूर्व के दल के लड़के की उस और दृष्टि पड़ते ही उसकी पीठ पर उसने वही जलती हुई बीड़ी चिपकाकर फफोला उठा दिया। इस प्रकार अपूर्व की हिंदूधर्म-प्रचारिणी और दुर्नीति-दलनी सभा ने भानुमती के आम के पेड़ की भाँति झटपट फल-फूलकर कालीदह गाँव को एकदम ढक लिया।

ब्राह्मण-पाड़ा के अविनाश के कान में वह पड़ा, तो उसकी नाक से उसने खून निकालकर ही छोड़ा। दुर्गा डोम का चौदह-पंद्रह वर्ष का लड़का बीड़ी पीता हुआ मैदान से जा रहा था, अपूर्व के दल के लड़के की उस और दृष्टि पड़ते ही उसकी पीठ पर उसने वही जलती हुई बीड़ी चिपकाकर फफोला उठा दिया।

अब गाँव की मानसिक उन्नति की ओर दृष्टि डालने पर अपूर्व ने

देखा कि स्कूल की लाइब्रेरी में शशिभूषण के डेढ़ मानचित्र और बंकिम के ढाई उपन्यास के अतिरिक्त और कुछ भी नहीं है। इस दरिद्रता के लिए वह हेडमास्टर को विशेष रूप से लांछित कर, अंत में स्वयं ही लाइब्रेरी के संगठन-कार्य में कमर बाँधकर लग गया। उसके सभापतितत्व में चंदे की सूची, नियम-कानूनों की तालिका; एवं पुस्तकों की लिस्ट तैयार होने में विलंब नहीं हुआ। इतने दिनों तक लड़कों के धर्मप्रचार के उत्साह को गाँव के लोगों ने किसी प्रकार सह लिया था; परंतु दो दिन में ही उनका चंदा वसूल करने का उत्साह गाँव के अन्य भद्र गृहस्थों के लिए ऐसा भयावह हो उठा कि लिस्ट को बगल में दबाए हुए लड़के को देखते ही वे सब मकान के दरवाजे-खिड़की बंद करने लगते। स्पष्ट दिखाई दिया कि धर्म-प्रचार और दुर्नीत-दलन का रास्ता जितना चौड़ा पाया गया था, लाइब्रेरी के लिए अर्थ-संचय का मार्ग उसके शतांश का एकांश भी प्रशस्त नहीं हुआ। अपूर्व 'क्या करे', सोच रहा था; इसी बीच अचानक एक बड़ा सुगम मार्ग उसे दिखाई पड़ा। स्कूल के समीप ही एक परित्यक्त खंडहर की ओर एक दिन अपूर्व की दृष्टि आकर्षित हुई। सुना गया कि यह 'एकादशी वैरागी' का मकान है। खोज करने पर पता चला, उस व्यक्ति द्वारा कोई गर्हित सामाजिक अपराध किए जाने पर गाँव के ब्राह्मणों ने उसके धोबी, नाई, मोची आदि बंद करके, दसेक वर्ष पहले घर छुड़वाकर निर्वासित कर दिया था। इस समय वह दो कोस उत्तर की ओर बारुईपुर गाँव में रहता है। वह व्यक्ति सुनते हैं—रुपयों का घड़ियाल' है; परंतु उसका वास्तविक नाम क्या है, इसे

खोज करने पर पता चला, उस व्यक्ति द्वारा कोई गर्हित सामाजिक अपराध किए जाने पर गाँव के ब्राह्मणों ने उसके धोबी, नाई, मोची आदि बंद करके, दसेक वर्ष पहले घर छुड़वाकर निर्वासित कर दिया था। इस समय वह दो कोस उत्तर की ओर बारुईपुर गाँव में रहता है। वह व्यक्ति सुनते हैं—रुपयों का घड़ियाल' है; परंतु उसका वास्तविक नाम क्या है, इसे कोई नहीं कह सकता।

कोई नहीं कह सकता। भंडाफोड़ हो जाने के भय से, बहुत दिनों से प्रयोग न होने के कारण लोगों की स्मृति से वह एकदम लुप्त हो गया है। तभी से इस 'एकादशी' नाम से ही वैरागी महाशय सुप्रसिद्ध हैं। अपूर्व ने ताल ठोंककर कहा, 'रुपयों का घड़ियाल? सामाजिक अपराध? तब तो यही बेटा लाइब्रेरी का आधा भार वहन करने के लिए बाध्य है अन्यथा वहाँ के भी धोबी, नाई, मोची सब बंद। बारुईपुर के जमींदार तो दीदी के ममिया ससुर हैं।

लड़के उन्मत्त हो उठे एवं अविलंब डोनेशन (दान) के खाते में वैरागी के नाम के पीछे एक बहुत बड़ा अंक लिख दिया। एकादशी से रुपए वसूल करने होंगे; न होने पर अपूर्व अपनी दीदी के ममिया ससुर से कहकर बारुईपुर में भी धोबी, नाई बंद कर देगा। समाचार पाकर रसिक स्मृति-रत्न, लाइब्रेरी के मंगलार्थ उपयाचक बनकर परामर्श दे गए कि एक मोटी रकम न देने पर वह महापापी बेटा कालीदह के अपने मकान की रक्षा कैसे करेगा, देख लेंगे। कारण—निवास न करने पर भी इस खँडहर के ऊपर एकादशी की जो अत्यंत ममता है, स्मृतिरत्न से वह छिपी नहीं है, क्योंकि दो वर्ष पूर्व इस जमीन को खरीदकर अपने बगीचे में मिला लेने के अभिप्राय से चेष्टा करने पर भी वे सफल-मनोरथ नहीं हो सके थे। उनके प्रस्ताव के समय, एकादशी ने अत्यंत साधु पुरुष की भाँति कानों में उँगली देकर कहा था, ऐसी आज्ञा मत दीजिए ठाकुर महाशय, इस एक छोटी सी जमीन के बदले, ब्राह्मण से मूल्य लेना मुझसे किसी प्रकार नहीं हो सकेगा। वह ब्राह्मण की सेवा में लगे, इसी में मुझे पुरखों का आशीर्वाद मिलेगा। स्मृतिरत्न द्वारा अतिशय पुलकित हृदय से उसका देव-द्विजों पर भक्ति-श्रद्धा की लाख-करोड़ प्रशंसा करने एवं असंख्य आशीर्वाद दिए जाने के पश्चात्

लड़के उन्मत्त हो उठे एवं अविलंब डोनेशन (दान) के खाते में वैरागी के नाम के पीछे एक बहुत बड़ा अंक लिख दिया। एकादशी से रुपए वसूल करने होंगे; न होने पर अपूर्व अपनी दीदी के ममिया ससुर से कहकर बारुईपुर में भी धोबी, नाई बंद कर देगा।

एकादशी ने हाथ जोड़कर सविनय निवेदन किया था, 'परंतु मैं ऐसा अभागा हूँ पंडितजी कि सात पीढ़ी के मकान को मैं किसी प्रकार छोड़ने में समर्थ नहीं हूँ। पिताजी मरते समय अपने मस्तक की शपथ खिलाते हुए कह गए हैं, यदि खाने के लिए न मिले बेटा तो भी अपना मकान कभी मत छोड़ना, इत्यादि-इत्यादि।' वह क्रोध स्मृतिरत्न को नहीं भूलता।

पाँच दिन बाद एक दिन सवेरे के समय, इन लड़कों का दल दो कोस मार्ग चलकर एकादशी की बैठक में आ उपस्थित हुआ। मकान कच्चा था, परंतु साफ-सुथरा। देखकर लगता, लक्ष्मी की कृपा है। अपूर्व अथवा उसके दल के अन्य किसी ने एकादशी को पहले कभी देखा नहीं था, अस्तु चंडी मंडप में पाँव रखते ही उसका मन अरुचि से भर गया। यह व्यक्ति 'रुपयों का घड़ियाल' चाहे हो, मगर वह लाइब्रेरी के लिए यह छोटी मछली जितना भी काम नहीं आएगा, यह निश्चित है। एकादशी का पेशा व्यापार है। उम्र साठ के ऊपर जा चुकी है। सारी देह जैसी दुर्बल है, वैसी ही सूखी हुई है। कंठ तुलसी की मालाओं से भरा हुआ है। दाढ़ी-मूँछ साफ हैं। मुँह की ओर देखकर यह नहीं लगता कि इसमें कहीं भी रस-कस है। ईख किस प्रकार अपने रस को कोल्हू के दबाब से बाहर करके, अंत में स्वयं ही ईंधन होकर उसे जलाकर सुखा देता है, यह व्यक्ति भी मनुष्य को जलाकर सुखा देने के लिए ही अपनी संपूर्ण मनुष्यता को विसर्जित कर महाजन बन बैठा है। उसका केवल चेहरा देखते ही अपूर्व मन-ही-मन ठंडा हो गया। चंडी-मंडप के ऊपर साधारण सा फर्श है। बीच में एकादशी विराजमान है। उसके सामने लकड़ी का एक

पाँच दिन बाद एक दिन सवेरे के समय, इन लड़कों का दल दो कोस मार्ग चलकर एकादशी की बैठक में आ उपस्थित हुआ। मकान कच्चा था, परंतु साफ-सुथरा। देखकर लगता, लक्ष्मी की कृपा है। अपूर्व अथवा उसके दल के अन्य किसी ने एकादशी को पहले कभी देखा नहीं था, अस्तु चंडी मंडप में पाँव रखते ही उसका मन अरुचि से भर गया।

हाथ बक्स है एवं एक ओर ढेर लगे हुए हिसाब के बही–खाते हैं। एक बूढ़ा सा गुमाश्ता नंगे बदन पर जनेऊ को गले में लटकाए हुए स्लेट के ऊपर ब्याज का हिसाब लगा रहा है एवं सामने बगल में, बरामदे के खंभों की आड़ में, विभिन्न वर्गों और विभिन्न अवस्था के स्त्री–पुरुष म्लान मुख से बैठे हुए हैं। कोई ऋण ले रहा है, कोई ब्याज दे रहा है, कोई केवल मुद्दत बढ़ाने की भीख माँगने आया है; परंतु ऋण चुकाने के लिए कोई बैठा हो, ऐसा किसी का भी मुँह देखकर नहीं जान पड़ता।

अचानक अनेक अपरिचित भद्र बालकों को देखकर एकादशी ने आश्चर्यचकित होकर निहारा। गुमाश्ते ने स्लेट को रखते हुए कहा, 'कहाँ से आ रहे हैं?'

अपूर्व ने कहा, 'कालीदह से।'

'महाशय आप लोग?'

'हम सभी ब्राह्मण हैं।'

अचानक अनेक अपरिचित भद्र बालकों को देखकर एकादशी ने आश्चर्यचकित होकर निहारा। गुमाश्ते ने स्लेट को रखते हुए कहा, 'कहाँ से आ रहे हैं?'

अपूर्व ने कहा, 'कालीदह से।'

'महाशय आप लोग?'

'हम सभी ब्राह्मण हैं।'

सुनते ही एकादशी ने चौंककर उठ खड़े हो, गरदन हिलाकर प्रणाम किया और कहा, 'बैठने की आज्ञा दो!'

सबको बैठाकर एकादशी स्वयं भी बैठा। गुमाश्ते ने प्रश्न किया, 'आप लोगों के आने का क्या प्रयोजन है?'

अपूर्व ने लाइब्रेरी की उपयोगिता के संबंध में एक साधारण भूमिका बाँधकर चंदे की बात छेड़ते हुए देखा—एकादशी की गरदन दूसरी ओर मुड़ गई है। वह खंभे की आड़ में बैठी स्त्री को संबोधन करके कह रहा है, 'तुम क्या पागल हो गई हो, हारू की माँ? ब्याज तो हुआ कुल सात रुपया दो आना, उसमें से दो आना यदि तुम रख लोगी, तो इसकी अपेक्षा मेरे गले पर पाँव रखकर, जीभ बाहर निकालकर मार क्यों नहीं डालतीं?'

इसके पश्चात् दोनों ने ऐसी खींचतान शुरू कर दी, जैसे इन दो आने

पैसों के ऊपर ही उनका जीवन निर्भर है, परंतु हारू की माँ जैसे दृढसंकल्प थी, एकादशी भी वैसा ही अटल था। देर होती हुई देखकर अपूर्व दोनों के वाक्-युद्ध के बीच में ही बोल उठा, 'हमारी लाइब्रेरी ही की बात…'

एकादशी मुँह फिराकर बोल उठा, 'जी हाँ, अभी सुनता हूँ, हाँ रे नफर, तू क्या मुझे मादे पर पाँव रखकर ठगना चाहता है रे? वे दो रुपए तो अभी तक चुकाए नहीं; फिर एक रुपया माँगने के लिए किस मुँह से चला आया, सुनूँ तो? मैं कहता हूँ, सूद-ऊद भी कुछ लाया है?'

नफर के अंटी खोलकर एक आना बाहर करते ही एकादशी ने आँखें लाल करते हुए कहा, 'तीन महीने हो गए हैं न रे! और दो पैसे कहाँ हैं?'

नफर हाथ जोड़कर बोला, 'और नहीं हैं, मालिक! धाड़ा के लड़के से, न जाने कितने हाथ-पाँव जोड़कर चार पैसे उधार लाया हूँ; बाकी के दो पैसे अगली हाट के दिन ही दे जाऊँगा!'

नफर के अंटी खोलकर एक आना बाहर करते ही एकादशी ने आँखें लाल करते हुए कहा, 'तीन महीने हो गए हैं न रे! और दो पैसे कहाँ हैं?' नफर हाथ जोड़कर बोला, 'और नहीं हैं, मालिक! धाड़ा के लड़के से, न जाने कितने हाथ-पाँव जोड़कर चार पैसे उधार लाया हूँ; बाकी के दो पैसे अगली हाट के दिन ही दे जाऊँगा!'

एकादशी ने गरदन बढ़ाकर देखते हुए कहा, 'देखूँ तेरी उस ओर की अंटी।'

नफर ने बाईं ओर की अंटी दिखाते हुए अभिमान से कहा, 'दो पैसे के लिए झूठी बात कहूँगा मालिक! जो भला पैसे लाकर भी आपको धोखा दे, उसके मुँह में कीड़े पड़ें, यह कहे देता हूँ।'

एकादशी ने तीक्ष्ण दृष्टि से देखते हुए कहा, 'तू चार पैसे उधार ले आया और बाकी इसी तरह उधार नहीं ला सका?'

नफर नाराज होकर बोला, 'मेरा भरोसा नहीं करते, मालिक? मुँह में कीड़े पड़ें…।'

अपूर्व का शरीर जला जा रहा था। वह और न सह सकने के कारण बोल उठा, 'अच्छे आदमी हैं आप, महाशय!'

एकादशी ने एक बार केवल देख लिया, कोई बात नहीं कही। परान बाग्दी सामने आँगन में से जा रहा था, एकादशी ने हाथ हिलाकर उसे बुलाते हुए कहा, 'परान, नफर की काँछ खोलकर जरा देख तो रे, दो पैसे बँधे हैं या नहीं?'

परान के आगे बढ़ते ही, नफर ने नाराज होकर, अपनी काँछ की छोर में बँधे दो पैसे खोलकर एकादशी के सामने फेंक दिए। एकादशी इस बेअदबी पर तनिक भी नाराज नहीं हुआ। गंभीर भाव से बक्स खोलकर, छह पैसों को रखते हुए गुमाश्ते से बोला, 'घोषाल महाशय, नफर के नाम ब्याज की वसूली में जमा कर लीजिए। हाँ रे, एक रुपए का फिर क्या करेगा रे?'

अपूर्व का शरीर जला जा रहा था। वह और न सह सकने के कारण बोल उठा, 'अच्छे आदमी हैं आप, महाशय!' एकादशी ने एक बार केवल देख लिया, कोई बात नहीं कही। परान बाग्दी सामने आँगन में से जा रहा था, एकादशी ने हाथ हिलाकर उसे बुलाते हुए कहा, 'परान, नफर की काँछ खोलकर जरा देख तो रे, दो पैसे बँधे हैं या नहीं?'

नफर ने कहा, 'आवश्यकता न होने पर थोड़े ही आया हूँ, महाशय!'

एकादशी ने कहा, 'आना-दो-आना ले जा न। तू पूरा रुपया ले जाकर तो इधर-उधर खर्च कर देगा रे।'

उसके बाद काफी घिघियाकर नफर चौधरी ने बारह आने का कर्ज लिया।

देर बहुत हो रही थी। अपूर्व के साथी अनाथ ने चंदे की लिस्ट एकादशी के सामने फेंकते हुए कहा, 'जो देना हो दे दें, महाशय; हम लोग और देर तक नहीं रुक सकते।'

एकादशी लिस्ट को उठाकर प्रायः पंद्रह मिनट तक लिये हुए प्रारंभ से अंत तक खूब गौर से देखने के पश्चात् एक निश्श्वास छोड़, लिस्ट को लौटाता हुआ बोला, 'मैं बूढ़ा आदमी हूँ, फिर मुझसे चंदा किसलिए?'

अपूर्व ने किसी प्रकार क्रोध को दबाते हुए कहा, 'बूढ़े आदमी रुपया नहीं देंगे, तो क्या छोटे बच्चे रुपया देंगे, वे पाएँगे कहाँ से सुनूँ तो?'

बूढ़े ने इस बात का उत्तर न देते हुए कहा, 'स्कूल को तो हो गए बीस-पच्चीस वर्ष, क्यों, इतने दिनों तक तो किसी ने लाइब्रेरी की बात नहीं उठाई बाबा! खैर, यह कोई बुरा काम नहीं है, हमारे लड़के-बच्चे किताब पढ़ें, या न पढ़ें, मेरे गाँव के लड़के तो पढ़ेंगे। क्या कहते हो घोषाल महाशय?' घोषाल ने गरदन हिलाकर क्या कहा, समझा नहीं जा सका।' एकादशी ने कहा, 'तो ठीक है, मैं चंदा दे दूँगा; किसी दिन आकर ले जाना चार आने। क्या कहते हो घोषाल, इससे कम तो अच्छा नहीं मालूम होता। इतनी दूर से लड़कों ने आ घेरा है; जो भी हो, थोड़ा सा नाम फैला हुआ है तभी तो और भी तो लोग हैं उनके पास तो कोई माँगने जाता नहीं, क्या कहते हो जी?'

स्कूल को तो हो गए बीस-पच्चीस वर्ष, क्यों, इतने दिनों तक तो किसी ने लाइब्रेरी की बात नहीं उठाई बाबा! खैर, यह कोई बुरा काम नहीं है, हमारे लड़के-बच्चे किताब पढ़ें, या न पढ़ें, मेरे गाँव के लड़के तो पढ़ेंगे। क्या कहते हो घोषाल महाशय?

क्रोध के मारे अपूर्व के मुँह से बात नहीं निकली। अनाथ ने कहा, 'इस चार आने के लिए ही क्या हम लोग इतनी दूर आए हैं और वह भी फिर किसी दिन आकर ले जाना होगा?'

एकादशी मुँह से एक अजीब आवाज निकालकर सिर हिलाते-हिलाते कहने लगा, 'देख तो लो अपनी हालत, छह पैसा तक का ब्याज वसूल करने में इन सालों से कैसा ओछापन करना पड़ता है! तो भी इस फसल का पाट बिकने तक चंदा देने की सुविधा...'

अपूर्व के होंठ क्रोध से काँपने लगे। बोला, 'सुविधा होगी तब, जब यहाँ भी धोबी-नाई बंद हो जाएँगे। साले पिशाच, संपूर्ण शरीर में चंदन-बंदन लगाकर, जाति खोकर बैरागी बन बैठा है, अच्छा!'

विपिन ने उठकर खड़े होते हुए, एक उँगली उठाकर धमकाते हुए कहा,

'बारुईपुर के राखालदास बाबू हमारे कुटुंबी हैं, याद रख लेना वैरागी।'

बूढ़ा वैरागी इस अप्रत्याशित कांड को हतप्रभ होकर देखता रहा। अपरिचित लड़कों के अचानक इस क्रोध का कारण वह किसी भी प्रकार नहीं समझ सका। अपूर्व बोला, 'गरीबों का रक्त चूसकर सूद खाना तुम्हारा निकालेंगे, तभी छोड़ेंगे।'

नफर तब भी बैठा था, अपनी काँछ में बँधे हुए दो पैसे छिन जाने के क्रोध से वह मन-ही-मन फूल रहा था। उसने कहा, 'जो कहा मालिक वह ठीक है। यह वैरागी नहीं पिशाच है। आँखों से देखा है तो किस तरह मुझसे दो पैसे वसूल कर लिये।'

बूढ़े के फटकारे जाने से उपस्थित सभी लोग मन-ही-मन निर्मल आनंद का उपभोग करने लगे। उन लोगों के मुँह के भाव देखकर विपिन उत्साहित हो आँख मिचकाता हुआ बोल उठा, 'तुम लोग तो भीतरी बातें जानते नहीं, परंतु यह हम लोगों के गाँव का आदमी है, हम लोग सब जानते हैं। क्यों रे बुड्ढे हमारे गाँव में क्यों तेरे धोबी-नाई बंद हो गए, बताएगा?'

बूढ़े के फटकारे जाने से उपस्थित सभी लोग मन-ही-मन निर्मल आनंद का उपभोग करने लगे। उन लोगों के मुँह के भाव देखकर विपिन उत्साहित हो आँख मिचकाता हुआ बोल उठा, 'तुम लोग तो भीतरी बातें जानते नहीं, परंतु यह हम लोगों के गाँव का आदमी है, हम लोग सब जानते हैं। क्यों रे बुड्ढे हमारे गाँव में क्यों तेरे धोबी-नाई बंद हो गए, बताएगा?'

खबर पुरानी थी। सभी जानते थे। एकादशी सद्गोपों (एक जाति विशेष का नाम) का लड़का है, जन्म से वैष्णव नहीं है। उसकी एकमात्र सौतेली बहन लोभ में पड़कर घर से भाग गई। एकादशी बहुत दुःख उठाकर, बड़ी खोज करके उसे घर लौटा लाया; परंतु इसी अनाचार से गाँव के लोग विस्मित और अत्यंत क्रुद्ध हो उठे। फिर भी एकादशी माता-पिता से हीन इस सौतेली छोटी बहन को किसी प्रकार त्याग नहीं सका। संसार में उसका और कोई नहीं था; इसी को उसने बचपन से गोद-पीठ पर बैठाकर

बड़ा किया था। उसका ठाठ के साथ विवाह कर दिया। फिर वह अल्पायु में ही विधवा हो गई और भाई के घर आदरपूर्वक लौट आई। उम्र एवं बुद्धि के दोष से उस बहन के इतने बड़े पदस्खलन से वृद्ध ने रोते-रोते घर भर दिया। आहार-निद्रा त्यागकर गाँव-गाँव, शहर-शहर में घूमता हुआ अंत में उसे ढूँढ़कर ले आया। उस समय गाँव के लोगों का निष्ठुर अनुशासन मस्तक पर धारण कर, अपनी इस लज्जिता, एकांत अनुतप्ता, दुर्भागिनी बहन को फिर घर से निकालकर जाति में सम्मिलित होने को एकादशी किसी प्रकार राजी नहीं हो सका। इसके पश्चात् गाँव में उसके धोबी, नाई, मोची आदि बंद हो गए। एकादशी निरुपाय हो, दीक्षा लेकर वैष्णव बन, इस बारुईपुर में भाग आया। इस बात को सभी जानते हैं। तो भी किसी अन्य व्यक्ति के मुख से किसी व्यक्ति के कलंक की कहानी सुनने के आनंद का उपभोग करने के लिए सभी ने अपनी गरदन ऊपर उठा ली; परंतु एकादशी लज्जा के भय से एकदम जड़वत् हो गया। अपने स्वयं के लिए नहीं, छोटी बहन के लिए। उभरते यौवन के अपराध ने गौरी की छाती में जिस गहरे घाव को जन्म दिया था, वह आज भी वैसा ही है, आधे तिल के बराबर भी सूखा नहीं है—वृद्ध उसे अच्छी तरह जानता है। पीछे लेशमात्र इंगित भी उसके कान में चले जाने पर वही कथा आलोड़ित हो उठेगी, इस आशंका से एकादशी विवर्ण मुख से चुपचाप देखता रहा। उसकी इस सकरुण दृष्टि की नीरव प्रार्थना किसी को दिखाई न दी; परंतु इस अचानक अनुभव से वह अचरज में अवाक् रह गया।

उस समय गाँव के लोगों का निष्ठुर अनुशासन मस्तक पर धारण कर, अपनी इस लज्जिता, एकांत अनुतप्ता, दुर्भागिनी बहन को फिर घर से निकालकर जाति में सम्मिलित होने को एकादशी किसी प्रकार राजी नहीं हो सका। इसके पश्चात् गाँव में उसके धोबी, नाई, मोची आदि बंद हो गए।

विपिन कहने लगा, 'हम लोग क्या भिखारी हैं, जो दो कोस मार्ग चलकर, इस धूप में चार आने पैसे की भीख माँगने आए हैं? वह भी फिर आज नहीं,

न जाने कब-किस आदमी का पाट बिकेगा, उस खबर को पाकर हमें फिर किसी दिन दौड़ना पड़ेगा। सो भी कहीं यदि बाबू साहब की दया हो जाए, परंतु लोगों का रक्त चूसकर जो सूद खाते हो बुड्ढे, सोचते होंगे कि जोंक के शरीर पर जोंक नहीं बैठती। मैं यहाँ भी तुम्हारा हाल बेहाल न कर दूँ, तो मेरा नाम विपिन भट्टाचार्य नहीं! छोटी जाति वालों के पास पैसा हो गया है, तभी शायद आँख-कान से दिखाई-सुनाई नहीं देता। चलो अपूर्व, हम लोग चलें; इसके बाद जो समझेंगे, सो किया जाएगा।' कहकर वह अपूर्व का हाथ पकड़कर खींचने लगा।

लगभग ग्यारह बज चुके थे। विशेषकर इतना रास्ता पैदल चलकर आने से अपूर्व को बड़ी प्यास लग रही थी। कुछ देर पहले ही उसने नौकर से पानी लाने के लिए कह दिया था। तदुपरांत कलह-विवाद में वह बात याद न रही; परंतु उसकी प्यास का पानी एक हाथ में एवं दूसरे हाथ की रकाबी में थोड़े से बताशे लिए हुए, एक सत्ताईस-अट्ठाईस वर्ष की विधवा स्त्री को पास का दरवाजा खोलकर भीतर प्रवेश करते हुए देखकर उसे पानी माँगने की बात याद हो आई। गौर को नीच जाति की स्त्री कहने की इच्छा बिल्कुल नहीं होती। श्वेत साड़ी पहने, स्नान के पश्चात् शायद तुरंत ही वह पूजा करने बैठी थी। ब्राह्मण जल माँग रहे हैं, नौकर से यह सुनकर, वह पूजा छोड़कर दौड़ी आई है। कहा, 'आप लोगों में से किसी ने पानी माँगा था?'

लगभग ग्यारह बज चुके थे। विशेषकर इतना रास्ता पैदल चलकर आने से अपूर्व को बड़ी प्यास लग रही थी। कुछ देर पहले ही उसने नौकर से पानी लाने के लिए कह दिया था। तदुपरांत कलह-विवाद में वह बात याद न रही; परंतु उसकी प्यास का पानी एक हाथ में एवं दूसरे हाथ की रकाबी में थोड़े से बताशे लिए हुए...

विपिन ने कहा, 'पाट की साड़ी पहन लेने से ही क्या तुम्हारे हाथ का पानी हम लोग पी लेंगे? अपूर्व, यही वह विद्याधरी है।'

पलक मारते ही स्त्री के हाथ से बताशों की रकाबी झनझनाती हुई नीचे गिर पड़ी एवं उस असीम लज्जा को आँखों से देखकर अपूर्व स्वयं भी लज्जा से भर गया। क्रोध से विपिन को एक कुहनी मारते हुए कहा, 'यह सब क्या बंदरपन करते हो? तनिक भी शऊर नहीं है।'

विपिन देहाती आदमी है, कलह के समय मुँह पर अपमान करनेवाला, नर-नारी के भेदाभेद ज्ञान से रहित, निरपेक्ष वीर पुरुष। वह अपूर्व की कुहनी खाकर और भी निष्ठुर हो उठा। आँखें लाल कर ललकारते हुए बोला, 'क्यों, झूठ बात कह रहा हूँ क्या? इसका इतना साहस कि ब्राह्मणों के लड़कों के लिए पानी लाए। मैं बीच बाजार में भंडाफोड़ कर सकता हूँ, जानते हो?'

अपूर्व समझ गया, अब तर्क नहीं चलेगा। अपमान की मात्रा उससे बढ़े भले ही, कम नहीं होगी। बोला, 'मैंने ही यहाँ आने के लिए कहा था विपिन, तुम बिना जाने निरर्थक झगड़ा मत करो। अब हम लोग चल दें।'

गौरी रकाबी को उठाकर, किसी की ओर देखे बिना, चुपचाप दरवाजे की ओट में जाकर खड़ी हो गई। वहीं से बोली, 'दादा, ये लोग किस काम का चंदा लेने आए थे, तुमने दिया है?'

गौरी रकाबी को उठाकर, किसी की ओर देखे बिना, चुपचाप दरवाजे की ओट में जाकर खड़ी हो गई। वहीं से बोली, 'दादा, ये लोग किस काम का चंदा लेने आए थे, तुमने दिया है?' एकादशी अब तक विह्वल की भाँति बैठा था; बहन का प्रश्न सुनकर आश्चर्य से बोला, 'नहीं, अभी देता हूँ दीदी!'

एकादशी अब तक विह्वल की भाँति बैठा था; बहन का प्रश्न सुनकर आश्चर्य से बोला, 'नहीं, अभी देता हूँ दीदी!'

अपूर्व की ओर देखकर हाथ जोड़ते हुए उसने कहा, 'बाबूजी, मैं गरीब मनुष्य हूँ। चार आना ही मेरे लिए बहुत है, दया करके ले लीजिए।'

विपिन दुबारा कोई कड़ा जवाब देने को उद्यत हुआ, मगर अपूर्व ने इशारे से उसे मना किया, परंतु इतने कांड के बाद भी वही चार आने के प्रस्ताव से

उसे स्वयं भी अत्यंत घृणा अनुभव हुई। आत्मसंवरण करते हुए उसने कहा, 'रहने दो वैरागी, तुम्हें कुछ नहीं देना पड़ेगा।'

एकादशी समझ गया, यह नाराजी की बात है। वह निश्श्वास छोड़कर बोला, 'कलिकाल है! सुविधा पाने पर क्या कोई भी, किसी की गरदन मरोड़े बिना छोड़ता है? घोषाल महाशय, पाँच आने पैसे खर्च-खाते में लिख दो और क्या करोगे बोलो?' कहकर वैरागी ने दुबारा एक दीर्घ निश्श्वास छोड़ी।

एकादशी समझ गया, यह नाराजी की बात है। वह निश्श्वास छोड़कर बोला, 'कलिकाल है! सुविधा पाने पर क्या कोई भी, किसी की गरदन मरोड़े बिना छोड़ता है? घोषाल महाशय, पाँच आने पैसे खर्च-खाते में लिख दो और क्या करोगे बोलो?' कहकर वैरागी ने दुबारा एक दीर्घ निश्श्वास छोड़ी।

उसका मुँह देखकर अपूर्व इस बार हँस पड़ा। इस कुसीदजीवी (ब्याजखाऊ) वृद्ध के लिए चार आने एवं पाँच आने में कितना बड़ा अंतर है, इसे उसने मन-ही-मन समझा और कोमलता से हँसते हुए कहा, 'रहने दो वैरागी, तुम्हें कुछ नहीं देना होगा। हम लोग चार-पाँच आने-पैसे का चंदा नहीं लेते। हम लोग जा रहे हैं।'

न जाने क्यों, अपूर्व को बड़ी आशा थी कि इस पाँच आने के विरोध में, दरवाजे के भीतर से अंतत: एक प्रतिवाद आएगा। उसके आँचल का छोर उस समय भी दिखाई दे रहा था, परंतु उसने कोई बात नहीं कही। जाने से पूर्व अपूर्व ने सचमुच ही क्षोभ के साथ कहा, 'ये लोग सचमुच ही अत्यंत क्षुद्र हैं। दान करने के मामले में, पाँच आने पैसे से अधिक इनकी सामर्थ्य नहीं है। पैसा ही इन लोगों का प्राण, पैसा ही इनका अस्थि-मांस है, पैसे के लिए ये जो न कर सकें, ऐसा कार्य संसार में कोई नहीं है।'

अपूर्व सदल-बल उठ खड़ा हो गया। एक दसेक वर्ष के बालक पर अनाथ की दृष्टि पड़ी। बालक के गले में उत्तरीय बँधा हुआ था। शायद पिता की मृत्यु अथवा ऐसी ही कुछ घटना घटी होगी। उसकी विधवा माता बरामदे

के खंभे की आड़ में बैठी थी। अनाथ आश्चर्यचकित होकर पूछ बैठा, 'बेटे, तू यहाँ कैसे ?'

लड़के ने उँगली से दिखाते हुए कहा, 'मेरी माँ बैठी है।' माँ बोली, 'हमारे बहुत से रुपए उसके पास जमा हैं।' कहकर उसने एकादशी को दिखा दिया। यह सुनकर सभी को आश्चर्य और कौतूहल हो उठा। इस दृश्य को अंत तक रुककर देखने के लिए अपूर्व स्वयं अत्यंत प्यासा होने पर भी विपिन का हाथ पकड़कर बैठ गया।

एकादशी ने पूछा, 'तुम्हारा नाम क्या है बच्चे ? तुम्हारा घर कहाँ है ?'

लड़के ने कहा, 'मेरा नाम शशधर है; मकान आप ही के गाँव कालीदह में है।'

'तुम्हारे पिता का क्या नाम है ?'

लड़के की ओर से इस बार अनाथ ने उत्तर दिया। कहा, 'इसका पिता बहुत दिन पहले मर गया है। इसके बाबा रामलोचन चटर्जी अपने लड़के की मृत्यु के बाद गृहस्थी छोड़कर बाहर चले गए थे। सात वर्ष के बाद महीनेभर के लिए लौट आए थे, परंतु इन लोगों के घर में आग लग गई; आग बुझाते समय बूढ़ा मर गया और कोई नहीं है, यह नाती ही श्राद्ध का अधिकारी है।'

लड़के ने उँगली से दिखाते हुए कहा, 'मेरी माँ बैठी है।' माँ बोली, 'हमारे बहुत से रुपए उसके पास जमा हैं।' कहकर उसने एकादशी को दिखा दिया। यह सुनकर सभी को आश्चर्य और कौतूहल हो उठा। इस दृश्य को अंत तक रुककर देखने के लिए अपूर्व स्वयं अत्यंत प्यासा होने पर भी विपिन का हाथ पकड़कर बैठ गया।

बात सुनकर सबने दुःख प्रकट किया, केवल एकादशी ही चुप बैठा रहा। कुछ देर बाद उसने पूछा, 'रुपए जमा करने की चिट्ठी-विट्ठी है ? जाओ, अपनी माँ से पूछ आओ।'

लड़के ने पूछ आकर कहा, 'कागज-पत्र कुछ नहीं हैं; सब जल गए।'

एकादशी ने पूछा, 'कितने रुपए थे ?'

इस बार विधवा ने आगे बढ़कर, माथे के आँचल को खींचते हुए जवाब

दिया, 'ससुरजी मरते समय कह गए थे कि पाँच सौ रुपए जमा करके वे तीर्थयात्रा को गए थे। भाई, हम लोग बड़े गरीब हैं। सब रुपए मत दो; परंतु हम लोगों को भीख ही दे दो।' कहकर विधवा भीतर-ही-भीतर घुमड़ती हुई रोने लगी। घोषाल महाशय अब तक खाता-पत्र छोड़कर एकाग्रचित्त से सुन रहे थे। उन्होंने आगे बढ़कर प्रश्न किया, 'कहता क्या है? साक्षी-वाक्षी भी है कोई?'

विधवा गरदन हिलाकर बोली, 'नहीं, हम लोग भी नहीं जानते थे। ससुरजी गुप्त रूप से रुपए जमा करके रख गए थे।'

इस बार विधवा ने आगे बढ़कर, माथे के आँचल को खींचते हुए जवाब दिया, 'ससुरजी मरते समय कह गए थे कि पाँच सौ रुपए जमा करके वे तीर्थयात्रा को गए थे। भाई, हम लोग बड़े गरीब हैं। सब रुपए मत दो; परंतु हम लोगों को भीख ही दे दो।' कहकर विधवा भीतर-ही-भीतर घुमड़ती हुई रोने लगी।

घोषाल मृदु हास्य करता बोला, 'केवल रोने से ही तो काम नहीं चलेगा भाई! यह सब नकद रुपए-पैसे का मामला ठहरा। साक्षी नहीं, हाथ की रसीद नहीं; तब क्या होगा तुम्हीं बताओ?'

विधवा फफक-फफककर रोने लगी; परंतु रोने का परिणाम क्या होगा, यह किसी को समझना बाकी नहीं रहा। इस बार एकादशी ने बात कही, 'पाँच सौ रुपए किसी ने जमा करके लिए नहीं हैं, यह तुम एक बार खातों में ढूँढ़कर देखो कि कुछ लिखा-विखा है या नहीं।'

घोषाल ने झल्लाकर कहा, 'कौन इस वक्त भूत की बेगार करने जाए बाबू? साक्षी नहीं, रसीद-पत्र नहीं…'

बात समाप्त होने से पूर्व ही दरवाजे के भीतर से जवाब आया, 'रसीद-पत्र न होने से ब्राह्मण के रुपए डूब जाएँगे? पुराना खाता देखो, आप न देख सकें तो मुझे दीजिए, देख देती हूँ।'

सभी ने आश्चर्यचकित होकर दरवाजे की तरफ आँख उठाई, परंतु जिसने हुक्म दिया था, उसे नहीं देखा जा सका।

घोषाल ने नरम होते हुए कहा, 'कितने वर्ष हो गए माँ! इतने दिनों का खाता ढूँढ़कर बाहर निकालना तो सरल काम नहीं है। बही-खातों में ढेर पड़े हैं। हाँ, यदि जमा होंगे तो अवश्य मिल जाएँगे।' फिर विधवा को संबोधित करते हुए कहा, 'तुम बेटी, रोओ मत। हक के रुपए होंगे तो अवश्य पाओगी। अच्छा, कल एक बार मेरे घर आना; सब बातें पूछकर खाता ढूँढ़कर निकाल दूँगा। आज इतनी अबेर हो गई है कि कुछ नहीं हो सकता।'

विधवा उसी क्षण सहमत होती हुई बोली 'अच्छा बाबा, कल सवेरे ही आपके घर आ जाऊँगी।'

'आ जाना' कहकर घोषाल ने गरदन हिलाकर अपने सामने खुले हुए खाते सदैव की भाँति बंद करके रख दिए।

परंतु पूछने-ताछने के बहाने विधवा को घर बुलाने का मतलब अत्यंत स्पष्ट था। भीतर से गौरी ने कहा, 'आठ वर्ष पहले तो शायद 1301 संवत् (बँगला संवत्) के खाते को खोलकर एक बार देखो तो सही रुपए—रुपए जमा हैं या नहीं?'

घोषाल ने कहा, 'इतनी जल्दी किसलिए माँ!'

घोषाल ने नरम होते हुए कहा, 'कितने वर्ष हो गए माँ! इतने दिनों का खाता ढूँढ़कर बाहर निकालना तो सरल काम नहीं है। बही-खातों में ढेर पड़े हैं। हाँ, यदि जमा होंगे तो अवश्य मिल जाएँगे।' फिर विधवा को संबोधित करते हुए कहा, 'तुम बेटी, रोओ मत। हक के रुपए होंगे तो अवश्य पाओगी। अच्छा, कल एक बार मेरे घर आना; सब बातें पूछकर खाता ढूँढ़कर निकाल दूँगा।"

गौरी ने कहा, 'मुझे दीजिए मैं देख देती हूँ। ब्राह्मण की स्त्री दो कोस पैदल चलकर आई है, दो कोस इस धूप में पैदल जाएगी; फिर कल आपके पास आएगी, इतने झंझट का क्या काम है, घोषाल काका?'

एकादशी ने कहा, 'ठीक तो है घोषालजी, ब्राह्मण की स्त्री को झूठमूठ हैरान करना क्या अच्छा है? बाप रे! देखो, देखो, चटपट देख दो।'

क्रुद्ध घोषाल उठे और समीप के कमरे से 1301 संवत् का खाता बाहर

निकाल लाए। दस मिनट तक पन्ने उलटने के बाद, अचानक अत्यंत खुश होते हुए कह उठे, 'वाह! हमारी गौरी माता की बुद्धि! ठीक इसी साल के खाते में जमा रकम मिल गई। यह रहा स्वर्गीय रामलोचन चटर्जी का जमा पाँच सौ।'

एकादशी ने कहा, 'देखो, झटपट ब्याज का हिसाब भी लगा दो, घोषाल महाशय!'

घोषाल ने चकित होकर कहा, 'अब ब्याज भी?'

एकादशी ने कहा, 'क्यों नहीं दोगे? क्या रुपए इतने दिनों तक काम में नहीं लगे रहे, रखे तो रहे नहीं? आठ वर्ष का ब्याज, इन कुछ महीनों का ब्याज छोड़ दिया जाएगा।' तब तक सूद और मूल के प्रायः साढ़े सात सौ रुपए हुए थे।

एकादशी ने कहा, 'क्यों नहीं दोगे? क्या रुपए इतने दिनों तक काम में नहीं लगे रहे, रखे तो रहे नहीं? आठ वर्ष का ब्याज, इन कुछ महीनों का ब्याज छोड़ दिया जाएगा।'

तब तक सूद और मूल के प्रायः साढ़े सात सौ रुपए हुए थे। एकादशी ने बहन को लक्ष्य करते हुए कहा, 'दीदी, रुपए संदूक में से निकाल लाओ! हाँ बिटिया, सभी रुपए एक साथ ले जाओगी न?'

विधवा के अंतर की बात अंतर्यामी ने सुन ली। आँखें पोंछकर वह प्रकट रूप में बोली, 'नहीं बाबा, इतने रुपयों की मुझे जरूरत नहीं है, मुझे इस समय केवल पचास रुपए दे दो।'

'इतने ही ले जाओ बहू! घोषाल महाशय, खाता जरा इधर दो, दस्तखत कर दूँ। और बाकी रुपयों की तुम एक रसीद लिख दो!'

घोषाल ने कहा, 'मैं ही दस्तखत किए देता हूँ। आप फिर···'

एकादशी ने कहा, 'नहीं, नहीं, मुझे ही दो न पंडित, अपनी आँखों से देख लूँ।' कहकर खाता लेकर, आधा मिनट तक उसे देखने के बाद हँसता हुआ बोला, 'घोषाल महाशय, यह जो एक जोड़ा असली मोती ब्राह्मण के नाम से जमा हैं? मैं खूब जानता हूँ पंडितजी महाराज, आपको हर समय ठीक दिखाई नहीं देता।' कहकर एकादशी दरवाजे की ओर देखता हुआ तनिक हँसने लगा। इतने

लोगों के सम्मुख मालिक की इस व्यंग्योक्ति से घोषाल का मुँह लाल हो गया।

उस दिन का सब काम निबट जाने पर अपूर्व अपने साथियों को लिए जिस समय मुख्य मार्ग पर बाहर निकला, उस समय उसके मन के भीतर एक विप्लव चल रहा था। घोषाल साथ ही था। उसने विनयपूर्वक आह्वान करते हुए कहा, 'आइए, दरिद्र के घर में और कुछ नहीं तो थोड़े गुड़ के साथ पानी पीकर चले जाइएगा।'

बिना उत्तर दिए, अपूर्व चुपचाप पीछे-पीछे चलने लगा। घोषाल का शरीर जला जा रहा था; उसने एकादशी को लक्ष्य करते हुए कहा, 'देखा आपने, साले छोटे लोगों की हिमाकत! आप जैसी ब्राह्मण-संतानों के पाँव की धूलि पड़ने से हरामजादे की सोलह पीढ़ियाँ तर गईं। साला पिसाच है, जो पाँच आने पैसे देकर जैसे भिखारी को टरका देना चाहता है।'

बिना उत्तर दिए, अपूर्व चुपचाप पीछे-पीछे चलने लगा। घोषाल का शरीर जला जा रहा था; उसने एकादशी को लक्ष्य करते हुए कहा, 'देखा आपने, साले छोटे लोगों की हिमाकत! आप जैसी ब्राह्मण-संतानों के पाँव की धूलि पड़ने से हरामजादे की सोलह पीढ़ियाँ तर गईं। साला पिसाच है, जो पाँच आने पैसे देकर जैसे भिखारी को टरका देना चाहता है।'

विपिन ने कहा, 'दो दिन सब्र करो न, हरामजादे महापापी के धोबी, नाई बंद करवा के, पाँच आने पैसे देना निकाल देता हूँ। राखालबाबू हमारे कुटुंबी हैं, यह जान लेना घोषाल महाशय!'

घोषाल ने कहा, 'मैं ब्राह्मण हूँ। दोनों समय संध्या-पूजा किए बिना जल भी नहीं पीता। दो मोतियों के लिए उसने दोपहर के समय किस तरह मेरा अपमान कर दिया, यह तो आप लोगों ने आँखों से देख ही लिया। साले का भला होगा? कभी यह सोचिएगा भी नहीं। वह साली, जिसके छू लेने से नहाना पड़े, क्या समझकर ब्राह्मणों के लड़कों के लिए पानी लेकर आई? रुपए की गरमी कैसे हो गई है, जरा स्वयं ही सोचकर देखिए न।'

अपूर्व ने तब तक एक भी बात में योग नहीं दिया था; वह अचानक ही

रास्ते में खड़ा रह गया और बोला, 'अनाथ, मैं लौट जाता हूँ भाई; मुझे बड़ी जोर की प्यास लगी है।'

घोषाल ने चकित होकर कहा, 'लौटकर कहाँ जाएँगे? वह सामने ही तो मेरा मकान दिखाई देता है।'

अपूर्व ने सिर हिलाते हुए कहा, 'आप इन लोगों को ले जाइए, मैं जा रहा हूँ इस एकादशी के घर में ही पानी पीने के लिए।'

एकादशी के घर में पानी पीने के लिए! सब लोग अपनी आँखें माथे पर चढ़ाकर खड़े रहे। विपिन उसका हाथ पकड़कर थोड़ा सा खींचता हुआ बोला, 'चलो, दोपहर की धूप में, रास्ते के बीच में और मजाक नहीं चलेगा। तुम ऐसे ही व्यक्ति हो क्या? तुम पिओगे, एकादशी की बहन द्वारा स्पर्श किया हुआ पानी?'

एकादशी के घर में पानी पीने के लिए! सब लोग अपनी आँखें माथे पर चढ़ाकर खड़े रहे। विपिन उसका हाथ पकड़कर थोड़ा सा खींचता हुआ बोला, 'चलो, दोपहर की धूप में, रास्ते के बीच में और मजाक नहीं चलेगा। तुम ऐसे ही व्यक्ति हो क्या? तुम पिओगे, एकादशी की बहन द्वारा स्पर्श किया हुआ पानी?'

अपूर्व ने हाथ खींचकर दृढ स्वर में कहा, 'सचमुच ही मैं उसका दिया हुआ पानी पीने के लिए लौट रहा हूँ। तुम लोग घोषाल महाशय के घर जाकर पी आओ; मैं इस पेड़ के नीचे प्रतीक्षा करता हुआ बैठा मिलूँगा।'

उसके शांत-स्थिर कंठस्वर से हतबुद्धि होते हुए घोषाल ने कहा, 'इसका प्रायश्चित्त करना पड़ेगा, जानते हैं?'

अनाथ ने कहा, 'पागल तो नहीं हो गए?'

अपूर्व ने कहा, 'कुछ नहीं जानता; परंतु प्रायश्चित्त भी करना पड़ा, तो उस समय आराम से बैठकर सोचा जाएगा, परंतु इस समय मैं रुक नहीं सकता।' कहकर उस कड़ी धूप में वह जल्दी से एकादशी के घर की ओर चल दिया।

□

मंदिर

एक गाँव में नदी के तट पर कुम्हारों के दो मकान थे। उनका कार्य था—नदी में से मिट्टी उठाकर और उसे साँचे गें ढालकर खिलौना बनाना तथा हाट (बाजार) में ले जाकर उन्हें बेच देना। परंपरा से उनके यहाँ यही कार्य होता चला आया है, और इसी के द्वारा उनके ओढ़ने-पहनने, खाने-पीने आदि का खर्च चलता रहता है। स्त्रियाँ भी कार्य करती हैं, वे पानी भरती हैं, रसोई बनाकर पति-पुत्र आदि को खिलाती हैं और आँवा ठंडा हो जाने पर उसमें से पके हुए खिलौने निकाल-निकालकर, उन्हें अपने आँचल से झाड़-पोंछकर, रंग आदि लगाने के लिए पुरुषों के सामने रख दिया करती हैं।

इन्हीं कुम्हार परिवारों के बीच आकर शक्तिनाथ ने अपने रहने के लिए एक स्थान बना लिया था। यह रोग-पीड़ित ब्राह्मण-बालक अपने भाई-बंधु, खेल-कूद, पढ़ाई-लिखाई, सबकुछ को त्यागकर, एक दिन अचानक ही इन मिट्टी के खिलौनों की ओर झुक गया। वह खपाची की छुरी को धो देता, साँचे के भीतर लगी हुई मिट्टी को साफ कर देता एवं उत्कंठित हृदय से यह देखता रहता कि खिलौनों पर रंग-रोगन किस प्रकार असावधानी से किया जाता है। स्याही द्वारा खिलौनों की भौंहें, आँख, ओठ आदि बना दिए जाते, किसी की भौंहें मोटी हो जातीं, तो किसी की आधी ही बन पातीं; किसी के होंठ के नीचे स्याही का दाग लग जाता, तो किसी के कुछ और हो जाता। शक्तिनाथ अपनी अधीर उत्सुकता से प्रार्थना किया करता, 'सरकार भैया, ऐसी लापरवाही से रंग क्यों करते हो?' सरकार भैया अर्थात् कारीगर कुम्हार

स्नेहपूर्वक हँसता हुआ उत्तर देता, 'महाराज, अच्छी तरह रंगने में जो समय लगता है, उसके पैसा कौन देता है, बताओ? एक पैसे का खिलौना, चार पैसे में तो बिकेगा ही नहीं!'

दो

इस सरल बात की बहुत-कुछ चर्चा करने पर भी शक्तिनाथ केवल आधी ही बात समझ पाया। एक पैसे का खिलौना केवल एक पैसे में ही बिकेगा, चाहे उसकी भौंहें पूरी बनी हों अथवा आधी हों, दोनों आँखें चाहे समान हों अथवा असमान, कैसी भी हों, केवल वही एक पैसा! तब कौन व्यर्थ ही इतना परिश्रम करे? खिलौनों को लड़के खरीदेंगे; दो घड़ी उसे प्यार करेंगे, सुलाएँगे, गोद में लेंगे, उसके पश्चात् तोड़-ताड़कर फेंक देंगे, बस इतनी ही तो।'

शक्तिनाथ प्रात:काल घर से जो मूड़ी-मुड़की (चावल की बनी लाई आदि) धोती में बाँधकर लाया था, उसका कुछ हिस्सा अभी तक बँधा हुआ है। उसे खोलकर बहुत ही अनमने भाव से चबाते तथा बिखेरते हुए वह अपने टूटे-फूटे मकान के आँगन में आ खड़ा हुआ। घर में कोई था नहीं; बीमार-वृद्ध पिता जमींदार के घर मदनमोहन भगवान् की पूजा करने के लिए गए थे। वहाँ से वे भीगे हुए अरवा, चावल, मूली आदि भगवान् पर चढ़ाए गए नैवेद्य को बाँधकर लाएँगे, तब उसे राँधकर पुत्र को खिलाएँगे। घर का आँगन कुंद, कनेर तथा हरसिंगार के पौधों से भरा-पूरा है। गृहलक्ष्मी-विहीन मकान में चारों ओर जंगल

घर का आँगन कुंद, कनेर तथा हरसिंगार के पौधों से भरा-पूरा है। गृहलक्ष्मी-विहीन मकान में चारों ओर जंगल दिखाई देता है, किसी प्रकार का कोई क्रम नहीं, किसी वस्तु में कोई सजावट नहीं। वृद्ध भट्टाचार्य मधुसूदन किसी प्रकार दिन काटते हैं। शक्तिनाथ फूँस तोड़ता, डालियों को हिलाता एवं पत्तियों को नोंचता हुआ, अन्यमनस्क भाव से आँगन में घूमने-फिरने लगा।

दिखाई देता है, किसी प्रकार का कोई क्रम नहीं, किसी वस्तु में कोई सजावट नहीं। वृद्ध भट्टाचार्य मधुसूदन किसी प्रकार दिन काटते हैं। शक्तिनाथ फूँस तोड़ता, डालियों को हिलाता एवं पत्तियों को नोंचता हुआ, अन्यमनस्क भाव से आँगन में घूमने-फिरने लगा।

प्रतिदिन प्रात:काल शक्तिनाथ कुम्हारों के घर जाया करता है। इन दिनों उसे खिलौनों पर रंग लगाने का अधिकार प्राप्त हो गया है। उसका सरकार भैया बड़े यत्नपूर्वक सबसे अच्छा खिलौना छाँटकर उसके हाथ में देता और कहता, 'लो महाराज, तुम इसे रंगो!' महाराज दोपहर तक उस एक ही खिलौने को रँगते रहते। संभवत: वह बहुत अच्छा रंगा जाता, फिर भी एक पैसे से अधिक मूल्य कोई नहीं देता, परंतु सरकार भैया घर आकर सूचना देता—महाराज का रँगा हुआ खिलौना दो पैसे में बिका। यह सुनकर शक्तिनाथ प्रसन्नता से फूला नहीं समाता।

तीन

इस गाँव के जमींदार जात के कायस्थ हैं। देवता-ब्राह्मणों पर उनकी भक्ति बहुत अधिक है। गृह-देवता मदनमोहन की प्रतिमा कसौटी (काले रंग के पत्थर) की बनी हुई है, समीप ही स्वर्णरंजित श्री राधा हैं—अत्यंत ऊँचे मंदिर में, रौप्य-सिंहासन पर उन्हीं के द्वारा प्रतिष्ठित। वृंदावन-लीला के कितने ही अपूर्व-सुंदर चित्र दीवारों पर टँगे हुए है। ऊपर किमखाब का चँदोवा है, जिसके मध्य से सैकड़ों शाखाओंवाला झाड़ लटक रहा है। एक ओर संगमरमर की वेदी पर पूजा की सामग्री सजी हुई है तथा नित्य-निवेदित पुष्प चंदन के घन-सौरभ से संपूर्ण मंदिर सुरक्षित होता रहता है। संभवत: स्वर्ग के सुख एवं सौंदर्य की स्मृति दिलाने के लिए ही यह पुष्प तथा सुगंध, पूजा का प्रथम उपचार बने हुए हैं एवं उसी की मृदुतर सुरभि ने वायुमंडल में संचित होकर इस मंदिर की वायु को घनीभूत बना रखा है।

चार

बात बहुत पुरानी कह रहा हूँ। जमींदार नारायण बाबू ने जिस दिन प्रौढ़ता की सीमा में पाँव रखते हुए पहले-पहल यह समझा कि इस जीवन की छाया क्रमशः लघु तथा अस्पष्ट होती चली जा रही है, जिस दिन उन्होंने प्रात:काल पहले-पहल यह अनुभव किया कि इस जमींदारी तथा धन-ऐश्वर्य के भोग की अवधि दिन-प्रतिदिन घटती जा रही है और जिस दिन पहले-पहल उन्होंने मंदिर के एक कोने में खड़े होकर अपनी आँखों से पश्चात्ताप के आँसू बहाए—उसी दिन की बात मैं कह रहा हूँ। उस समय उनकी इकलौती कन्या अपर्णा केवल पाँच वर्ष की छोटी सी बालिका थी। वह पिता के पाँवों के समीप खड़ी होकर एकाग्रचित्त से देखा करती—मधुसूदन भट्टाचार्य मंदिर के उस काले खिलौने पर चंदन लगा रहे हैं, सिंहासन को फूलों से सजा रहे हैं तथा उसकी स्निग्ध सुगंध आशीर्वाद की भाँति जैसे उसे स्पर्श करती फिरती है। इस दिन के बाद प्रतिदिन वह बालिका संध्या के पश्चात्! अपने पिता के साथ देवता की आरती देखने के लिए आया करती एवं मंगलोत्सव के बीच अकारण ही आत्मविभोर होकर देखती रह जाती।

अपर्णा धीरे-धीरे बड़ी होने लगी। हिंदू घरों की लड़कियाँ जिस प्रकार ईश्वर की धारणा को हृदयंगम किया करती हैं, उसी प्रकार वह भी करने लगी। उस मंदिर को अपने पिता की अत्यंत आदरणीय वस्तु जानकर, उसे वह अपने ही हृदय के रक्त के समान अनुभव करने लगी तथा प्रत्येक कार्य एवं खेलकूद में भी इस बात को प्रमाणित करने लगी। वह दिनभर उसी मंदिर के आसपास बनी रहती। सूखी घास के एक तिनके अथवा सूखे हुए फल का भी मंदिर के भीतर पड़े

> *राजनारायण बाबू की देवनिष्ठा को लोग ज्यादती समझा करते थे, परंतु अपर्णा की देव-सेवा परायणता उस सीमा का भी अतिक्रमण करने लगी। पुष्प रखने के पुराने पात्र में अब फूल नहीं समाते, अतः एक दूसरा बड़ा पात्र मँगवाया गया है। चंदन की पुरानी कटोरी भी बदल गई है।*

रहना उसे बरदाश्त नहीं होता। यदि कहीं एक बूँद पानी गिर पड़े, तो वह उसे अपने आँचल से पोंछ देती। राजनारायण बाबू की देवनिष्ठा को लोग ज्यादती समझा करते थे, परंतु अपर्णा की देव-सेवा परायणता उस सीमा का भी अतिक्रमण करने लगी। पुष्प रखने के पुराने पात्र में अब फूल नहीं समाते, अतः एक दूसरा बड़ा पात्र मँगवाया गया है। चंदन की पुरानी कटोरी भी बदल गई है। भोग तथा नैवेद्य की मात्रा पहले से बहुत अधिक बढ़ गई है, यहाँ तक कि नित नई अनेक तरह की पूजाओं का आयोजन एवं उनकी निर्दोष व्यवस्था के झंझट में पड़कर वृद्ध पुरोहित भी घबरा उठे हैं। जमींदार राजनारायण बाबू यह सब देख-सुनकर, भक्ति स्नेहपूर्ण गद्गद कंठ से कहा करते, 'देवता ने अपनी सेवा के लिए स्वयं ही लक्ष्मी को भेज दिया है, तुम लोग कुछ कहो-सुनो मत।'

पाँच

यथासमय अपर्णा का विवाह भी हो गया। इस आशंका से कि अब उसे मंदिर छोड़कर अलग जाना पड़ेगा, उसके होंठों की हँसी असमय ही सूख गई। मुहूर्त ठीक किया जा रहा है, उसे ससुराल जाना पड़ेगा। जिस प्रकार घनीभूत बिजली को अपने हृदय में दबाए वर्षा के घने-काले बादल, अवरुद्ध गौरव के गुरुभार में स्थिर हो, कुछ समय तक आकाश में वर्षा के लिए तत्पर से खड़े रहते हैं, उसी प्रकार एक दिन अपर्णा ने भी स्थिर होकर यह सुना कि मुहूर्त का दिन आज आ पहुँचा है। उसने पिता के समीप जाकर कहा, 'पिताजी, मैं भगवान् की सेवा का सब प्रबंध किए जाती हूँ, उसमें किसी प्रकार का अंतर न आ पाए।'

वृद्ध पिता रो उठे, बोले, 'सो तो बिटिया···नहीं, कोई अंतर नहीं आएगा।'

अपर्णा चुपचाप लौट आई। उसकी माँ नहीं है, वह रो नहीं सकी। वृद्ध पिता के दोनों नेत्रों में आँसू भरे हुए हैं, वह क्रुद्ध कैसे हो सकती है ? इसके पश्चात्, जिस प्रकार योद्धा पुरुष अपने व्यथित क्रंदनोन्मुख वीर-हृदय को पौरुष-शुष्क हँसी से ढककर, शीघ्रतापूर्वक घोड़े पर सवार होकर चल देता

> *अपर्णा चुपचाप लौट आई। उसकी माँ नहीं है, वह रो नहीं सकी। वृद्ध पिता के दोनों नेत्रों में आँसू भरे हुए हैं, वह क्रुद्ध कैसे हो सकती है? इसके पश्चात्, जिस प्रकार योद्धा पुरुष अपने व्यथित क्रंदनोन्मुख वीर-हृदय को पौरुष-शुष्क हँसी से ढककर, शीघ्रतापूर्वक घोड़े पर सवार होकर चल देता है, उसी प्रकार अपर्णा भी पालकी में चढ़कर, गाँव छोड़कर, अज्ञात कर्तव्य के शासन को मस्तक पर धारणकर चली गई।*

है, उसी प्रकार अपर्णा भी पालकी में चढ़कर, गाँव छोड़कर, अज्ञात कर्तव्य के शासन को मस्तक पर धारणकर चली गई। अपने उच्छ्वासित आँसुओं को पोंछते समय स्मरण हो आया कि वह पिता के आँसू तो पोंछ ही नहीं आई। उसका हृदय रो-रोकर निरंतर न जाने कितनी शिकायतें करने लगा। एक तो उसका हृदय वैसे ही सैकड़ों व्यथाओं से पीड़ित था, उस पर भी जब न जाने कहाँ, किस ग्रामांतर के मंदिर में संध्या के समय शंख-घंटे बज उठे, तो वह आजन्म-परिचित आरती के आह्वान का शब्द उसके कानों के मार्ग से मर्म तक पहुँचकर नैराश्य का हाहाकार भरने लगा। अपर्णा ने छटपटाकर पालकी का द्वार खोल दिया। वह संध्या के अंधकार में से देखने लगी एवं देवदारु की छायाच्छन्न ऊँची चोटी पर एक परिचित मंदिर समुन्नत शिखर की कल्पना करती हुई, उच्छ्वसित आवेग के कारण रो उठी। ससुराल की एक दासी उसके पीछे ही चली आ रही थी। उसने झट समीप आकर कहा, 'छिह बहूजी! क्या इस तरह रोना चाहिए, भला ससुराल कौन नहीं जाता?'

अपर्णा ने अपना मुँह दोनों हाथों से ढककर रोना बंद कर लिया तथा पालकी के किवाड़ भी बंद कर लिए।

ठीक इसी समय मंदिर के भीतर खड़े हुए पिता राजनारायण, मदनमोहन भगवान् की मूर्ति के सम्मुख धूप के धुएँ तथा आँसुओं से अस्पष्ट एक देवी-मूर्ति के अनिंद्य-सुंदर मुख पर अपनी प्रिय पुत्री के मुख की छवि को जैसे साकार रूप में देख रहे थे।

छह

अपर्णा अब पति के घर में रहती है। यहाँ पति के साथ उसके अनिच्छापूर्वक संभाषण में तनिक भी आवेग एवं तनिक भी चांचल्य प्रदर्शित नहीं होता। प्रथम प्रणय का स्निग्ध संकोच एवं मिलन की सलज्ज उत्तेजना कोई भी उसके म्लान चक्षुओं में पहले जैसी दीप्ति वासना न ला सकी। प्रारंभ से ही पति-पत्नी जैसे एक-दूसरे के समक्ष दुर्बोध अपराधी की भाँति बने हुए हैं एवं उसी की क्षुब्ध वेदना भयंकर प्रवाहवाली नदी के तट की भाँति, एक दुर्लघ्य व्यवधान खड़ा करके बहती चली जा रही है।

एक दिन काफी रात बीत जाने पर, अमरनाथ ने धीरे से पुकारकर कहा, 'अपर्णा, तुम्हें यहाँ रहना अच्छा नहीं लगता?'

अपर्णा जाग रही थी, बोली, 'नहीं···।'

अमर ने कहा, 'मायके जाओगी?'

अपर्णा बोली, 'जाऊँगी।'

अमर ने पूछा, 'कल जाना चाहती हो?'

अपर्णा ने कहा, 'हाँ, जाना चाहती हूँ।'

एक दिन काफी रात बीत जाने पर, अमरनाथ ने धीरे से पुकारकर कहा, 'अपर्णा, तुम्हें यहाँ रहना अच्छा नहीं लगता?'

अपर्णा जाग रही थी, बोली, 'नहीं···।'

अमर ने कहा, 'मायके जाओगी?'

अपर्णा बोली, 'जाऊँगी।'

अमर ने पूछा, 'कल जाना चाहती हो?'

अपर्णा ने कहा, 'हाँ, जाना चाहती हूँ।'

क्षुब्ध अमरनाथ यह उत्तर सुनकर अवाक् रह गया। कुछ देर चुप रहने के बाद बोला, 'और यदि जाना न हो सके, तो?'

अपर्णा ने कहा, 'तब जैसे हूँ, वैसे ही बनी रहूँगी।'

इसके बाद कुछ देर तक दोनों चुप रहे। अमरनाथ ने पुकारा, 'अपर्णा!'

अपर्णा अन्यमनस्क भाव से बोली, 'क्या है?'

'क्या तुम्हें मेरी कोई आवश्यकता नहीं है?'

अपर्णा ने चादर से अपने सर्वांग को ढाँककर आराम से सोते हुए कहा, 'इन सब बातों से बहुत झगड़ा खड़ा हो जाता है, ऐसी बात मत करो।'

'झगड़ा खड़ा हो जाता है, यह कैसे जाना?'

'जानती हूँ। मेरे मायके में, मझले भैया तथा मझली भाभी में इसी बात पर प्रतिदिन खटपट हो जाती है। मुझे लड़ाई-झगड़ा अच्छा नहीं लगता।'

सुनकर अमरनाथ उत्तेजित हो उठा। वह इसी बात को अँधेरे में टटोलता हुआ अब तक ढूँढ़ रहा था, वह अचानक आज जैसे हाथ में आ लगी। बोला, 'आओ अपर्णा, हम भी झगड़ा करें। इस प्रकार रहने की अपेक्षा तो लड़ाई-झगड़ा करना लाख गुना अच्छा है।'

सवेरे से लेकर शाम तक अपर्णा का सारा दिन काम-काज एवं जप-तप में ही व्यतीत हो जाता है। यह देखकर कि वह रस-रंग एवं हास्य-कौतुक में तनिक भी भाग नहीं लेती, उसकी बराबरी की स्त्रियाँ हँसी-हँसी में न जाने क्या-क्या कहती रहतीं।

अपर्णा ने स्थिर भाव से कहा, 'छिह! झगड़ा क्यों करें? तुम सो जाओ।'

इसके पश्चात् अपर्णा चाहे सोती रही या जागती रही हो, परंतु अमरनाथ रात भर जागकर भी इस बात को नहीं समझ सका।

सवेरे से लेकर शाम तक अपर्णा का सारा दिन काम-काज एवं जप-तप में ही व्यतीत हो जाता है। यह देखकर कि वह रस-रंग एवं हास्य-कौतुक में तनिक भी भाग नहीं लेती, उसकी बराबरी की स्त्रियाँ हँसी-हँसी में न जाने क्या-क्या कहती रहतीं। ननदें उसको गुसाईंजी कहकर हँसी उड़ातीं; फिर भी वह उनके दल में शामिल न हो सकी, बारंबार यही सोचने लगी कि उसके दिन व्यर्थ ही बीते चले जा रहे हैं और यह जो अनजाने आकर्षण से उनका प्रत्येक रक्त-बिंदु उस पितृप्रतिष्ठित मंदिर

की ओर भाग जाने के लिए पूर्णिमा के दिन उद्वेलित समुद्र के जल की भाँति, हृदय के कूल-उपकूल पर निशदिन पछाड़ें खा रहा है, उसे कैसे रोका जाए? घर-गृहस्थी के कार्य से अथवा छोटे-मोटे हास-परिहास से? उसका क्षुब्ध-अस्वस्थ चित्त, जो एक भारी भ्रांति को मस्तक पर लादे हुए। स्वयं ही चक्कर खाकर मर गया है, उसके समीप तक पति का लाड़-प्यार एवं स्नेह, परिजन-वर्ग की प्रीति संभाषण किस प्रकार पहुँचे? किस प्रकार वह इस बात को समझे कि कुमारी की देव-सेवा द्वारा नारीत्व का संपूर्ण कर्तव्य निभाया नहीं जा सकता।

सात

अमरनाथ की समझ की ही भूल है; वह उपहार लेकर स्त्री के समीप आया है। दिन के लगभग नौ-दस बज रहे होंगे। स्नान के पश्चात् अपर्णा पूजा करने के लिए जा रही थी। जहाँ तक संभव हुआ, अमरनाथ ने अपने कंठ-स्वर को मधुर बनाते हुए कहा, 'अपर्णा! तुम्हारे लिए कुछ उपहार लाया हूँ, कृपाकर स्वीकार करोगी क्या?'

अपर्णा ने मुसकराते हुए कहा, 'लूँगी क्यों नहीं?'

अमरनाथ के हाथ में मानो चंद्रमा आ गया। वह आनंदपूर्वक, सुंदर रूमाल में बँधे हुए एक सोफियाने बक्स का ढक्कन खोलने बैठ गया। ढक्कन के ऊपर सुनहरे अक्षरों में अपर्णा का नाम लिखा हुआ है, मगर जब उसने अपर्णा का चेहरा देखने के लिए एक बार उसके मुँह की ओर देखा, तब ज्ञात हुआ कि जिस प्रकार कोई आदमी काँच की बनी हुई नकली आँख लगाकर किसी को देखता है, उसी प्रकार अपर्णा भी उसकी ओर देख रही है। यह देखकर उसका संपूर्ण उत्साह ने पलभर में बुझकर, मानो एक बूँद अर्थहीन सूखी हँसी में स्वयं को छिपा लेना चाहा। लज्जा से गड़कर, उसने बक्स का ढक्कन खोलकर कुंतलीन आदि की कई शीशियाँ और न जाने क्या-क्या निकालना प्रारंभ कर दिया; परंतु तभी अपर्णा ने रोकते हुए कहा, 'क्या यही सब मेरे लिए लाए हो?'

*अमरनाथ के बदले जैसे किसी ओर ने उत्तर दिया, 'हाँ, तुम्हारे ही लिए तो लाया हूँ, दिलखुश की शीशियाँ।'
अपर्णा ने पूछा, 'बक्स भी मुझे दे दिया क्या?'
'अवश्य!'
'तो फिर सबको बेकार बाहर क्यों निकाल रहे हो? बक्स में ही रहने दो सबको।'
'अच्छा रहने दो। तुम लगाओगी न?'*

अमरनाथ के बदले जैसे किसी ओर ने उत्तर दिया, 'हाँ, तुम्हारे ही लिए तो लाया हूँ, दिलखुश की शीशियाँ।'

अपर्णा ने पूछा, 'बक्स भी मुझे दे दिया क्या?'

'अवश्य!'

'तो फिर सबको बेकार बाहर क्यों निकाल रहे हो? बक्स में ही रहने दो सबको।'

'अच्छा रहने दो। तुम लगाओगी न?'

अचानक अपर्णा की भौंहें सिकुड़ गईं। सारी दुनिया से लड़ाई मोल लेकर, उसका क्षत-विक्षत हृदय परास्त होकर, वैराग्य ग्रहणकर चुपचाप एकांत में बैठा था; इस स्नेह के अनुरोध ने उसके ऊपर अचानक कुत्सित उपहास का आघात कर दिया। चंचल होकर वह उसी समय प्रतिघात कर बैठी, बोली, 'नष्ट नहीं होगा, रख दो; मेरे अतिरिक्त और बहुत से लोग भी इनका उपयोग करना जानते हैं।' इतना कह वह उत्तर के लिए तनिक भी प्रतीक्षा किए बिना पूजागृह में चली गई तथा अमरनाथ विह्वल की भाँति उस अस्वीकृत उपहार पर हाथ रखे हुए उसी प्रकार बैठा रहा। सर्वप्रथम उसने अपने मन को सहस्त्र बार मूर्ख कहकर तिरस्कृत किया। तदुपरांत बहुत देर पश्चात् उसने एक गहरी साँस भरते हुए कहा, 'अपर्णा, तुम पाषाणी हो!' उसकी आँखों में आँसू भर आए। वह उसी स्थान पर बैठा हुआ, बार-बार अपनी आँखें पोंछने लगा। अपर्णा यदि स्पष्ट शब्दों में अस्वीकार कर देती, तो बात का प्रभाव कुछ और ही प्रकार का होता। वह तो अस्वीकार किए बिना भी, अस्वीकृति की संपूर्ण जलन उसके शरीर पर पोत गई, उसका प्रतिकार वह किस प्रकार करे? क्या वह अपर्णा को पूजा के आसन से खींच लाकर, उसी के समक्ष, उसके द्वारा

उपेक्षित उपहार को स्वयं ही लात मार-मारकर तोड़-फोड़ डाले और सबके समक्ष यह भीषण प्रतिज्ञा करे कि अब वह कभी उसका मुँह भी नहीं देखेगा, वह क्या करे? कितना और कहे, कहाँ लापता होकर चला जाए? क्या भस्म रमाकर साधु-संन्यासी हो जाए और कभी अपर्णा के दुर्दिनों में अचानक कहीं से आकर उसकी रक्षा करे? इस प्रकार संभव-असंभव न जाने कितने प्रकार के प्रश्न-उत्तर उसके अपमान-पीड़ित मस्तिष्क में अधीरता से उत्पन्न होने लगे। परिणाम यह हुआ कि वह उसी प्रकार बैठा रहा और वैसे ही रोने लगा; परंतु उसके इन प्रारंभ से अंत तक के ऊल-जलूल संकल्पों की लंबी सूची किसी प्रकार पूरी न हो सकी।

आठ

इसके बाद दो दिन और दो रातें बीत गईं, अमरनाथ सोने के लिए घर नहीं आया। माँ को पता चलने पर, उन्होंने बहू को बुलाकर थोड़ा-बहुत डाँटा-फटकारा एवं पुत्र को बुलाकर समझाया-बुझाया। ददिया-सास भी इस संबंध में थोड़ी सी हँसी उड़ा गई। इस प्रकार सात-पाँच में पड़कर बात हलकी हो गई। रात्रि को अपर्णा ने पति से क्षमा की भिक्षा माँगते हुए कहा, 'यदि मन में कष्ट पहुँचा हो, तो मुझे क्षमा कर दो।' अमरनाथ कुछ बोल नहीं सका। एक किनारे बैठकर, बिछौने की चादर को बारंबार खींचकर उसे झाड़ने लगा। अपर्णा सामने ही खड़ी थी, उसके अक्षरों पर म्लान मुसकुराहट थी; उसने फिर कहा, 'क्षमा नहीं करोगे?'

अमरनाथ ने सिर झुकाए हुए ही कहा, 'क्षमा किसलिए और क्षमा करने

रात्रि को अपर्णा ने पति से क्षमा की भिक्षा माँगते हुए कहा, 'यदि मन में कष्ट पहुँचा हो, तो मुझे क्षमा कर दो।' अमरनाथ कुछ बोल नहीं सका। एक किनारे बैठकर, बिछौने की चादर को बारंबार खींचकर उसे झाड़ने लगा। अपर्णा सामने ही खड़ी थी, उसके अक्षरों पर म्लान मुसकुराहट थी; उसने फिर कहा, 'क्षमा नहीं करोगे?'

का मुझे अधिकार ही क्या है ?'

अपर्णा ने पति के दोनों हाथों को हाथ में लेते हुए कहा, 'ऐसी बात मत कहो। तुम मेरे पति हो, तुम नाराज रहोगे तो मेरी गुजर कैसे होगी ? तुम क्षमा न करोगे, तो मैं कहाँ खड़ी होऊँगी ? क्या रुष्ट हो गए हो, बताओ न ?'

अमरनाथ ने आर्द्र होते हुए कहा, 'रुष्ट तो नहीं हुआ।'

'नहीं हुए न ?'

'नहीं।'

अपर्णा को कलह पसंद नहीं है; अतः विश्वास न होते हुए भी उसने विश्वास करते हुए कहा, 'तो ठीक है।'

इसके पश्चात् वह बिल्कुल निश्चिंत होकर बिस्तर के एक ओर सो रही।

परंतु अमरनाथ को इससे बड़ा आश्चर्य हुआ। दूसरी ओर मुँह फेरकर वह बार-बार मन-ही-मन तर्क-वितर्क करने लगा, कि उसकी स्त्री ने इस बात पर विश्वास कैसे कर लिया ? मैं दो दिन नहीं आया, मिला भी नहीं, फिर भी मैं रुष्ट नहीं हूँ, यह क्या कोई विश्वास कर लेने की बात है ? इतनी बड़ी घटना इतनी शीघ्र समाप्त होकर मिट गई। इसके पश्चात् जब उसने समझ लिया कि अपर्णा सचमुच ही सो गई है, तो वह एकदम उठकर बैठ गया तथा बिना किसी द्विविधा के जोर से पुकार बैठा, 'अपर्णा! क्या तुम सो रही हो ? अपर्णा!'

अपर्णा जाग गई; बोली, 'पुकार रहे हो क्या ?'

'हाँ मैं कलकत्ते चला जाऊँगा।'

अपर्णा जाग गई; बोली, 'पुकार रहे हो क्या ?' 'हाँ मैं कलकत्ते चला जाऊँगा।'
'कहाँ, यह बात तो पहले कभी सुनी नहीं! इतनी जल्दी, तुम्हारे कॉलेज की छुट्टियाँ समाप्त हो गईं ? अभी और दो-चार दिन नहीं ठहर सकते ?'
'नहीं, अब ठहरना न हो सकेगा!'
अपर्णा ने कुछ सोच-विचारकर फिर पूछा, 'तो क्या तुम मेरे ऊपर रुष्ट होकर जा रहे हो ?'

'कहाँ, यह बात तो पहले कभी सुनी नहीं! इतनी जल्दी, तुम्हारे कॉलेज की छुट्टियाँ समाप्त हो गईं? अभी और दो-चार दिन नहीं ठहर सकते?'

'नहीं, अब ठहरना न हो सकेगा!'

अपर्णा ने कुछ सोच-विचारकर फिर पूछा, 'तो क्या तुम मेरे ऊपर रुष्ट होकर जा रहे हो?'

बात सच है, अमरनाथ भी जानता है; परंतु वह इसे स्वीकार न कर सका। संकोच ने आकर मानो उसकी धोती का छोर पकड़कर उसे लौटा दिया।

आशंका हुई, कहीं वह अपना निकम्मापन प्रमाणित करके अपर्णा के सम्मान की हानि न कर बैठे। इस प्रकार इस कौतूहल-विमुख नारी की निश्चेष्टता ने उसे अभिभूत कर दिया। स्वामित्व का जितना तेज उसने इस चार-पाँच महीनों में ही खींचकर निकाल लिया है; अब वह क्रोध करे भी तो किस बूते पर! अपर्णा ने पुनः कहा, 'रुष्ट होकर कहीं मत जाना अन्यथा मेरे हृदय को बड़ी चोट पहुँचेगी।'

अमरनाथ झूठ और सच को मिलाकर जो कुछ बनाकर कह सका, उसका अर्थ यह था कि वह रुष्ट नहीं हुआ और इसके प्रमाण-स्वरूप वह अभी दो-तीन दिन ठहरने के पश्चात् चला जाएगा। वह दो दिन रहा भी, परंतु रोकर विजयी बनने की एक लज्जाजनक बेचैनी उसके मन में बनी ही रही।

नौ

एक साथ जोर की वर्षा आ जाने में एक लाभ है, उससे आकाश निर्मल हो जाता है, परंतु बूँदा-बाँदी से बादल तो साफ होते ही नहीं, उलटे पाँव-तले कीचड़ एवं चारों ओर उदासी का भाव बढ़ जाया करता है। अपने घर से जिस कीचड़ को लपेटकर अमरनाथ कलकत्ते आया था, उसे धो डालने के लिए, इतनी महान नगरी में तनिक सा पानी भी ढूँढ़े न मिल सका। यहाँ उसके पूर्व परिचित जितने भी सुख थे, उनके समक्ष अपने कीचड़ से सने हुए पाँव निकालने में भी उसे लज्जा अनुभव होने लगी। न तो उसका मन पढ़ने-लिखने में लगता और न हँसी-खेल में ही तबीयत लग पाती। न

यहाँ उसके पूर्व परिचित जितने भी सुख थे, उनके समक्ष अपने कीचड़ से सने हुए पाँव निकालने में भी उसे लज्जा अनुभव होने लगी। न तो उसका मन पढ़ने-लिखने में लगता और न हँसी-खेल में ही तबीयत लग पाती। न तो यहाँ रहने की इच्छा होती है और न घर जाने की तबीयत ही करती है। उसकी छाती पर जैसे दुस्सह यंत्रणा का बोझ सा लदा हुआ है और उसे धकेल देने के लिए उसके व्याकुल हृदय की पसलियाँ परस्पर टकरा रही हैं, परंतु संपूर्ण चेष्टाएँ व्यर्थ हैं।

तो यहाँ रहने की इच्छा होती है और न घर जाने की तबीयत ही करती है। उसकी छाती पर जैसे दुस्सह यंत्रणा का बोझ सा लदा हुआ है और उसे धकेल देने के लिए उसके व्याकुल हृदय की पसलियाँ परस्पर टकरा रही हैं, परंतु संपूर्ण चेष्टाएँ व्यर्थ हैं।

इसी भाँति अंतर्वेदना झेलता हुआ वह बीमार पड़ गया। समाचार पाकर माता-पिता दौड़े आए, परंतु अपर्णा को साथ नहीं लाए। यह बात न थी कि अमरनाथ को भी ऐसी ही आशा रही हो, परंतु उसका हृदय बैठ गया। रोग उत्तरोत्तर बढ़ने लगा। ऐसे समय में उसे स्वभावत: अपर्णा को देखने की इच्छा होती, परंतु मुँह खोलकर उस बात को वह नहीं कह सका। माता-पिता भी नहीं समझ सके। केवल दवा, पथ्य और वैद्य-डॉक्टर। अंत में इन सबके हाथ से उसने मुक्ति प्राप्त कर ली, एक दिन उसकी मृत्यु हो गई।

विधवा अपर्णा सन्न रह गई। उसके संपूर्ण शरीर में रोमांच हो आया एवं एक भयानक संभावना उसके मन में उदय हो आई कि संभवत: यह उसी की कामना का फल है। संभवत: इतने दिनों से मन-ही-मन वह यही चाहती थी, इतने दिनों बाद अंतर्यामी ने उसकी कामना पूर्ण की है। बाहर से सुनाई पड़ा; उसके पिता जोर-जोर से रो रहे हैं। यह क्या कोई स्वप्न है, वे कब आए? अपर्णा ने खिड़की खोलकर झाँककर देखा, सचमुच ही राजनारायण बाबू बालकों की भाँति धूलि में लोटते हुए रो रहे थे। पिता की देखा-देखी

अब वह भी घर के भीतर लोटने लगी एवं आँसुओं से पृथ्वी को भिगोने लगी।

संध्या होने में अब देर नहीं। पिता ने अपर्णा को छाती से लगाते हुए कहा, 'बेटी अपर्णा!'

अपर्णा रोती हुई बोली, 'बाबूजी!'

'तेरे मदनमोहन ने तुझे बुलाया है बेटी!'

'चलिए बाबूजी, वहीं चलें।'

'तेरा सब काम वहाँ पड़ा हुआ है बेटी!'

'चलिए बाबूजी, घर चलें।'

'चलो बेटी, चलो।' कहते हुए पिता ने स्नेहपूर्वक पुत्री का मस्तक चूमा, साथ ही संपूर्ण दुःख को छाती से पोंछकर मिटा दिया। तत्पश्चात् लड़की का हाथ पकड़कर, उसे दूसरे दिन अपने घर ले आए। वहाँ उँगली से दिखाते हुए बोले, 'वह रहा बेटी तेरा मंदिर; वे हैं तेरे मदनमोहन।'

संध्या होने में अब देर नहीं। पिता ने अपर्णा को छाती से लगाते हुए कहा, 'बेटी अपर्णा!'

अपर्णा रोती हुई बोली, 'बाबूजी!'

'तेरे मदनमोहन ने तुझे बुलाया है बेटी!'

'चलिए बाबूजी, वहीं चलें।'

'तेरा सब काम वहाँ पड़ा हुआ है बेटी!'

'चलिए बाबूजी, घर चलें।'

आभूषणहीन अपर्णा विधवा के वेश में कुछ और ही तरह की दिखाई पड़ती है, जैसे श्वेत वस्त्र एवं रूखे बालों से वह और भी अधिक अच्छी लगने लगी है। उसने पिता की बात पर पूरा विश्वास कर लिया; सोचने लगी—देवता के आह्वान से ही वह फिर लौट आई है, भगवान् के मुख पर शायद इसीलिए हँसी है, मंदिर में शायद इसीलिए सौगनी सुरभि है। उसे प्रतीत होने लगा, जैसे वह इस पृथ्वी से बहुत ऊँची जा पहुँची है।

जो पति अपनी मृत्यु द्वारा उसको पृथ्वी से इतना ऊँचा रख गए हैं, उन मृत को शतबार प्रणाम करते हुए अपर्णा ने उनके लिए अक्षय स्वर्ग की कामना की।

दस

शक्तिनाथ एकाग्रचित्त से प्रतिमा बना रहा था। पूजा करने की अपेक्षा प्रतिमा बनाना ही उसे अच्छा लगता है। कैसा रूप, कैसे कान और कैसी आँखें होनी चाहिए, कौन सा रंग अधिक खिलेगा, यही उसकी बातचीत के विषय थे। किस वस्तु से पूजा करनी चाहिए एवं किस मंत्र का जप करना चाहिए, इन सब छोटे विषयों पर उसका ध्यान ही नहीं था। देवता के संबंध में वह अपने आपको प्रमोशन (बढ़ावा) देकर, सेवक स्थान से पिता के स्थान पर जा चढ़ा था। फिर भी पिता ने उसे आज्ञा दी, 'शक्तिनाथ, आज मुझे ज्वर अधिक है, जमींदार के घर जाकर तुम्हीं पूजा कर आओ।'

शक्तिनाथ ने कहा, 'अभी तो मैं प्रतिमा बना रहा हूँ।'

वृद्ध असमर्थ पिता ने क्रोध में भरकर कहा, 'बच्चों का यह खेल अब रहने दो बेटा! पहले यह काम पूरा कर आओ।'

पूजा के मंत्र पढ़ने में उसका तनिक भी मन नहीं लगता, फिर भी उठकर जाना पड़ा। पिता की आज्ञा से स्नान करने के बाद, चादर तथा अँगोछा कंधे पर डालकर वह देव मंदिर में आ खड़ा हुआ। इससे पहले भी वह कई बार इस मंदिर में पूजा करने के लिए आया है; परंतु ऐसी अनोखी बात उसने कभी नहीं देखी थी। इतनी पुष्प-सुगंध, इतना धूप-सुगंध का आडंबर, भोग और नैवेद्य का इतना बाहुल्य! उसे कड़ी चिंता हुई, इतना सब लेकर वह क्या करेगा? किस प्रकार किस-किस की पूजा करेगा? सबसे अधिक आश्चर्य हुआ उसे अपर्णा को देखकर।

पूजा के मंत्र पढ़ने में उसका तनिक भी मन नहीं लगता, फिर भी उठकर जाना पड़ा। पिता की आज्ञा से स्नान करने के बाद, चादर तथा अँगोछा कंधे पर डालकर वह देव मंदिर में आ खड़ा हुआ। इससे पहले भी वह कई बार इस मंदिर में पूजा करने के लिए आया है; परंतु ऐसी अनोखी बात उसने कभी नहीं देखी थी। इतनी पुष्प-सुगंध, इतना धूप-सुगंध का आडंबर, भोग और नैवेद्य का इतना बाहुल्य!

यह कौन, कहाँ से आई है, इतने दिनों तक कहाँ थी?

अपर्णा बोली, 'तुम भट्टाचार्यजी के लड़के हो?'

शक्तिनाथ ने कहा, 'हाँ!'

'तो पाँव धोकर पूजा करने बैठो।'

पूजा करने बैठा, तो शक्तिनाथ प्रारंभ में ही जैसे सबकुछ भूल गया, एक भी मंत्र उसे याद नहीं रहा। इस ओर उसका मन भी नहीं लगता। विश्वास क्यों है, वह किसलिए बैठी है, आदि सोचते रहने के कारण पूजा की पद्धति में उलट-फेर हो उठा। विज्ञ-परीक्षक की भाँति पीछे बैठी हुई अपर्णा खूब समझ गई कि कभी घंटा बजाकर, कभी पुष्प चढ़ा, कभी नैवेद्य पर जल छिड़ककर यह अधूरा पुरोहित केवल पूजा का ढोंग रच रहा है। सदैव से देखते-देखते इन सब बातों को अपर्णा भलीभाँति समझती थी; शक्तिनाथ भला उसे धोखा कैसे दे सकता था! पूजा समाप्त हो जाने पर अपर्णा ने कठोर स्वर में कहा, 'तुम ब्राह्मण के लड़के हो, पूजा करना भी नहीं जानते?'

अपर्णा ने उसे रोका, कहा, 'महाराज, यह सब सामग्री बाँध ले जाओ; परंतु कल फिर मत आना। तुम्हारे पिता अच्छे हो जाएँगे, तब वे ही आएँगे।' अपर्णा ने स्वयं ही उसकी चादर एवं अँगोछे में सब सामान बाँधकर उसे विदा कर दिया। मंदिर के बाहर आकर शक्तिनाथ बारंबार काँपने लगा।

शक्तिनाथ ने कहा, 'जानता हूँ।'

'खाक जानते हो!'

शक्तिनाथ ने घबराकर उसके मुँह की ओर देखा और फौरन चलने को तैयार हो गया। अपर्णा ने उसे रोका, कहा, 'महाराज, यह सब सामग्री बाँध ले जाओ; परंतु कल फिर मत आना। तुम्हारे पिता अच्छे हो जाएँगे, तब वे ही आएँगे।'

अपर्णा ने स्वयं ही उसकी चादर एवं अँगोछे में सब सामान बाँधकर

उसे विदा कर दिया। मंदिर के बाहर आकर शक्तिनाथ बारंबार काँपने लगा।

इधर अपर्णा ने पुनः नए सिरे से पूजा का आयोजन कर दूसरे ब्राह्मण को बुलाकर पूजा संपन्न कराई।

ग्यारह

एक महीना हो गया। आचार्य यदुनाथ, जमींदार राजनारायण बाबू से समझाकर कह रहे हैं, 'आप तो सबकुछ समझते ही हैं, बड़े मंदिर की यह विशाल पूजा, मधु भट्टाचार्य के लड़के से किसी प्रकार नहीं हो सकती!' राजनारायण बाबू ने समर्थन करते हुए कहा, 'बहुत दिन पहले अपर्णा ने भी ठीक यही बात कही थी।'

आचार्य ने अपने मुखमंडल को तनिक और भी गंभीर बनाकर कहा, 'वह तो कहा ही होगा!' वे ठहरीं साक्षात् लक्ष्मीस्वरूप। उनसे कुछ अगोचर थोड़े ही हैं।'

जमींदार बाबू का भी ठीक ऐसा ही विश्वास है। आचार्य फिर कहने लगे, 'पूजा चाहे मैं करूँ अथवा और कोई भी करे, अच्छा आदमी ही होना चाहिए। मधु भट्टाचार्य जब तक जीवित थे, तब तक उन्होंने पूजा की; अब उनके पुत्र को पुराहिताई करनी चाहिए, परंतु वह तो आदमी ही नहीं है। वह केवल कपड़े रंग सकता है, खिलौने बना सकता है, पूजा-पाठ करना नहीं जानता।'

पिता के मुँह से यह बात सुनकर अपर्णा ने सिर हिलाते हुए कहा, 'ऐसा भी कहीं होता है? ब्राह्मण का लड़का निराश्रय ठहरा। उसे कहाँ विदा कर दिया जाए? वह जैसी जानता है, वैसी ही पूजा करेगा; भगवान् उसी से संतुष्ट होंगे।'

राजनारायण बाबू ने अनुमति दे दी, 'पूजा आप ही करें; परंतु एक बार अपर्णा को पूछ देखूँ।'

पिता के मुँह से यह बात सुनकर अपर्णा ने सिर हिलाते हुए कहा, 'ऐसा भी कहीं होता है? ब्राह्मण का लड़का निराश्रय ठहरा। उसे कहाँ विदा कर दिया

जाए? वह जैसी जानता है, वैसी ही पूजा करेगा; भगवान् उसी से संतुष्ट होंगे।'

पुत्री की बात सुनकर पिता को चेत हुआ। बोले, 'मैं तो यह सोच-समझ ही नहीं सका था बेटी! तुम्हारा मंदिर है, तुम्हारी ही पूजा है, तुम जैसे चाहो, वैसा करो। जिसे चाहो, उसी को सौंप दो।'

इतना कहकर पिता चले आए। अपर्णा ने शक्तिनाथ को बुलवाकर उसी को पूजा का भार सौंप दिया। एक बार फटकारने के बाद से वह फिर इधर नहीं आया था। इसी बीच उसके पिता की मृत्यु हो गई और इस समय वह स्वयं भी रुग्ण है। उसके रूखे चेहरे पर दुःख-शोक के चिह्न देखकर अपर्णा को दया आ गई, बोली, 'तुम पूजा करना; जैसी जानते हो, वैसी ही करना। उसी से भगवान् संतुष्ट हो जाएँगे।'

इतना कहकर पिता चले आए। अपर्णा ने शक्तिनाथ को बुलवाकर उसी को पूजा का भार सौंप दिया। एक बार फटकारने के बाद से वह फिर इधर नहीं आया था। इसी बीच उसके पिता की मृत्यु हो गई और इस समय वह स्वयं भी रुग्ण है। उसके रूखे चेहरे पर दुःख-शोक के चिह्न देखकर अपर्णा को दया आ गई, बोली, 'तुम पूजा करना; जैसी जानते हो, वैसी ही करना। उसी से भगवान् संतुष्ट हो जाएँगे।'

ऐसे स्नेहपूर्ण स्वर को सुनकर उसमें साहस आ गया। वह सावधान हो, मन लगाकर पूजा करने बैठ गया। पूजा समाप्त हो जाने पर अपर्णा ने अपने हाथ से, जितना वह खा सकता था, उतना बाँधते हुए कहा, 'बहुत अच्छी पूजा की है। महाराज, क्या तुम अपने हाथ से रसोई बनाकर खाते हो?'

'किसी दिन बना लेता हूँ; पर किसी दिन, जब बुखार आ जाता है, तो नहीं बना पाता।'

'तुम्हारे क्या और कोई नहीं है?'

'नहीं।'

शक्तिनाथ के चले जाने पर अपर्णा ने कहा, 'बेचारा!' इसके बाद

उसी दिन से अपर्णा प्रतिदिन दासी के द्वारा खोज-खबर लेती रहती, वह क्या खाता है, क्या करता है, उसे किस वस्तु की आवश्यकता है? उस निराश्रय ब्राह्मण-सुकुमार को अज्ञात रूप से आश्रय देकर, उसका संपूर्ण भार स्वेच्छा से अपने ऊपर ले लिया उसने और उसी दिन से इन दोनों किशोर एवं किशोरी ने अपनी भक्ति, स्नेह तथा भूल-भ्रांति सबको एकत्र कर, इस मंदिर का आश्रय ले, जीवन के शेष कार्यों को अपने से पृथक-पराया कर डाला।

वह देवता के समक्ष हाथ जोड़कर, उसकी ओर प्रार्थना करती हुई बोली, 'भगवान्! तुम इसकी पूजा से संतुष्ट हो जाना, अभी लड़का ही है, इसका दोष-अपराध न मानना।'

उसी दिन से अपर्णा प्रतिदिन दासी के द्वारा खोज-खबर लेती रहती, वह क्या खाता है, क्या करता है, उसे किस वस्तु की आवश्यकता है? उस निराश्रय ब्राह्मण-सुकुमार को अज्ञात रूप से आश्रय देकर, उसका संपूर्ण भार स्वेच्छा से अपने ऊपर ले लिया उसने और उसी दिन से इन दोनों किशोर एवं किशोरी ने अपनी भक्ति, स्नेह तथा भूल-भ्रांति सबको एकत्र कर, इस मंदिर का आश्रय ले, जीवन के शेष कार्यों को अपने से पृथक-पराया कर डाला। शक्तिनाथ पूजा करता है, अपर्णा बता दिया करती है। शक्तिनाथ स्तोत्र पढ़ता है, अपर्णा मन-ही-मन उसका सहज अर्थ देवता को समझा दिया करती है। शक्तिनाथ सुगंध-पुष्प हाथ से उठाता है, अपर्णा उंगली से दिखा-दिखाकर बताती जाती है, 'महाराज! आज इस प्रकार सिंहासन सजाओ तो देखें, बड़ा अच्छा लगेगा!' इसी प्रकार विशाल मंदिर का वृहद् कार्य चलने लगा। देख-सुनकर आचार्य ने कहा, 'बच्चों का खिलवाड़ हो रहा है।'

वृद्ध राजनारायण बोले, 'किसी भी प्रकार हो, लड़की अपनी अवस्था को भूली रहे तो अच्छा है।'

बारह

जिस प्रकार थियेटर के स्टेज पर वन-पर्वत, आँधी-मेह आदि एक क्षण में अदृश्य होकर, उनके स्थान पर एक विशाल राजप्रासाद कहीं से आ जुटता है तथा लोगों की सुख-संपत्ति के बीच दुःख-दैन्य का चिह्न तक विलुप्त हो जाता है, शक्तिनाथ के जीवन में भी मानो वैसा ही हो गया है। पहले तो उसे ज्ञान ही नहीं हुआ कि वह जाग रहा था; अब सोकर सुख-स्वप्न देख रहा है अथवा निद्रा में दुःखस्वप्न देख रहा था और अब अचानक जाग उठा है, तो भी उसके पहले के वे उपेक्षित खिलौने बीच-बीच में इस बात की याद उसे दिलाया करते हैं कि इस दायित्वहीन देव-सेवा की सोने की साँकल ने उसके संपूर्ण शरीर को जकड़कर बाँध लिया है और वह साँकल रह-रहकर झनझना उठती है। वह अपने स्वर्गवासी पिता की याद किया करता तथा अपनी स्वाधीनता की बात सोचा करता। ऐसा लगता, जैसे वह बिक गया है, अपर्णा ने उसे खरीद लिया है। इस प्रकार अपर्णा के स्नेह ने क्रमशः मोह की भाँति उसे धीरे-धीरे आच्छन्न कर लिया।

अचानक एक दिन शक्तिनाथ का ममेरा भाई वहाँ आ पहुँचा। उसकी बहन का विवाह था। मामा कलकत्ते में रहते हैं। अभी समय अच्छा है, अतः सुख के दिनों में उन्हें भानजे की याद हो आई है; सो जाना ही पड़ेगा। यह बात शक्तिनाथ को बहुत अच्छी लगी कि उसे कलकत्ते जाना ही पड़ेगा। रातभर वह भाई के पास बैठा कलकत्ते

> *अचानक एक दिन शक्तिनाथ का ममेरा भाई वहाँ आ पहुँचा। उसकी बहन का विवाह था। मामा कलकत्ते में रहते हैं। अभी समय अच्छा है, अतः सुख के दिनों में उन्हें भानजे की याद हो आई है; सो जाना ही पड़ेगा। यह बात शक्तिनाथ को बहुत अच्छी लगी कि उसे कलकत्ते जाना ही पड़ेगा। रातभर वह भाई के पास बैठा कलकत्ते के सुख-आराम की कहानी, शोभा की चर्चा एवं समृद्धि का वर्णन सुनता रहा तथा सुनते हुए मुग्ध हो गया।*

के सुख-आराम की कहानी, शोभा की चर्चा एवं समृद्धि का वर्णन सुनता रहा तथा सुनते हुए मुग्ध हो गया। दूसरे दिन उसकी इच्छा मंदिर जाने की नहीं हुई। देर होते देखकर अपर्णा ने उसे बुलवाया। शक्तिनाथ ने जाकर कहा, 'आज कलकत्ते जाऊँगा; मामा ने बुलाया है।'

इतना कहकर वह तनिक संकुचित होकर खड़ा हो गया। अपर्णा कुछ देर मौन रही; तदुपरांत बोली, 'कब तक लौटकर आ जाओगे?'

शक्तिनाथ ने कुछ डरते हुए कहा, 'मामा कह देंगे, तभी लौट आऊँगा।'

अपर्णा ने फिर कुछ नहीं पूछा। फिर वही यदुनाथ आचार्य आकर पूजा करने लगे। अपर्णा फिर उसी प्रकार पूजा देखने लगी; परंतु उसे कुछ कहने की आवश्यकता न हुई और इच्छा भी नहीं थी।

कलकत्ते जाकर विविध प्रकार के नवीन आनंद में दिन बीतने पर शक्तिनाथ का मन कुछ दिन बाद ही घर लौटने के लिए तड़फड़ाने लगा। लंबे और आलसी दिन अब उससे नहीं काटे जाते। रात्रि में वह स्वप्न देखने लगा—अपर्णा उसे बुला रही है और उत्तर न पाकर क्रुद्ध हो रही है। अतः एक दिन उसने अपने मामा से कहा, 'मैं घर जाऊँगा।'

मामा ने मना करते हुए कहा, 'वहाँ जंगल में जाकर क्या करोगे? यहीं रहकर पड़ना-लिखना सीखो। मैं तुम्हारी नौकरी लगा दूँगा।' शक्तिनाथ सिर हिलाकर चुप रह गया। बोले, 'तो जाओ।' बड़ी बहू ने शक्तिनाथ को अपने पास बुलाकर कहा, 'लालाजी, क्या कल चले ही जाओगे?'

मामा ने मना करते हुए कहा, 'वहाँ जंगल में जाकर क्या करोगे? यहीं रहकर पड़ना-लिखना सीखो। मैं तुम्हारी नौकरी लगा दूँगा।'

शक्तिनाथ सिर हिलाकर चुप रह गया। बोले, 'तो जाओ।'

बड़ी बहू ने शक्तिनाथ को अपने पास बुलाकर कहा, 'लालाजी, क्या कल चले ही जाओगे?'

शक्तिनाथ ने उत्तर दिया, 'हाँ जाऊँगा।'

'अपर्णा के लिए मन तिलमिला रहा है न?'

शक्तिनाथ बोला, 'हाँ।'

'वे तुम्हारा खूब सत्कार करती हैं न?'

शक्तिनाथ ने मस्तक झुकाते हुए कहा—'हाँ, खूब सत्कार करती हैं।

बड़ी बहू मन-ही-मन मुसकराई। अपर्णा की बातें उसने पहले ही सुन रखी थीं और वह स्वयं शक्तिनाथ ने ही कही थीं। बोली, 'तो लालाजी, ये वस्तुएँ लेते जाओ, उन्हें दे देना, वे और भी अधिक प्यार करेंगी।' इतना कहकर उन्होंने एक शीशी की डाट खोलकर, थोड़ा सा 'दिलखुश' सेंट उसके शरीर पर छिड़क दिया। उसकी सुगंधि से शक्तिनाथ पुलकित हो उठा एवं दोनों शीशियों को चादर के छोर में बाँधकर दूसरे ही दिन घर लौट आया।

तेरह

शक्तिनाथ ने मंदिर में प्रवेश किया। पूजा समाप्त हो चुकी थी। चादर में सेंट की दो शीशियाँ बँधी हुई हैं; परंतु इन कई दिनों में अपर्णा उसके समीप से इतनी दूर हट गई है कि उन्हें देने की हिम्मत नहीं होती। वह मुँह खोलकर किसी प्रकार कह ही नहीं सका कि इन्हें मैं बड़ी साध से तुम्हारे लिए कलकत्ते से लाया हूँ। सुगंध से तुम्हारे देवता तृप्त होते हैं, तुम भी हो जाओगी। अस्तु, सात दिन इसी प्रकार निकल गए। वह प्रतिदिन उन शीशियों को चादर में बाँधकर लाता और प्रतिदिन लौटा ले जाता; फिर उन्हें दूसरे दिन के लिए बड़े यत्न से उठाकर रख देता। पहले की भाँति यदि एक दिन भी अपर्णा उसे बुलाकर कोई बात

आज दो दिन से उसे ज्वर आ रहा है, फिर भी वह डरते-डरते पूजा करने के लिए आ जाता है। किसी अज्ञात आशंका के कारण वह अपने कष्ट की बात कह भी नहीं पाता, परंतु अपर्णा ने पता लगा लिया कि शक्तिनाथ ने दो दिन से कुछ खाया नहीं है; फिर भी पूजा करने के लिए आता है। अपर्णा ने पूछा, 'महाराज! तुमने दो दिन से कुछ नहीं खाया?'

पूछती, तो संभवतः वह अपना उपहार उसे दे बैठता; परंतु वैसा अवसर फिर आया ही नहीं।

आज दो दिन से उसे ज्वर आ रहा है, फिर भी वह डरते-डरते पूजा करने के लिए आ जाता है। किसी अज्ञात आशंका के कारण वह अपने कष्ट की बात कह भी नहीं पाता, परंतु अपर्णा ने पता लगा लिया कि शक्तिनाथ ने दो दिन से कुछ खाया नहीं है; फिर भी पूजा करने के लिए आता है। अपर्णा ने पूछा, 'महाराज! तुमने दो दिन से कुछ नहीं खाया?'

शक्तिनाथ ने सूखे हुए मुँह से कहा, 'प्रतिदिन रात को ज्वर आ जाता है।'

'ज्वर आता है? तो फिर नहा-धोकर पूजा करने के लिए क्यों आते हो? तुमने यह बात कही क्यों नहीं?'

शक्तिनाथ की आँखों में आँसू भर आए। पलभर में वह और सब बातें भूल गया तथा चादर की गाँठ खोलकर दोनों शीशियों को निकालता हुआ बोला, 'यह तुम्हारे लिए लाया हूँ।'

'मेरे लिए!'

'हाँ, तुम्हें सुगंधि पसंद है न!'

जिस प्रकार गरम दूध आग की थोड़ी सी गरमी पाते ही बुलबुले देकर खौलने लगता है, अपर्णा के संपूर्ण शरीर का रक्त उसी प्रकार खौलने लगा। शीशियों को देखते ही वह सब समझ गई थी। उसने गंभीर स्वर में कहा, 'दो' और हाथ में लेकर मंदिर के बाहर, जहाँ पूजा से उतारे हुए फूल पड़े सूख रहे थे, दोनों शीशियाँ फेंक दीं। आतंक के कारण शक्तिनाथ की छाती का खून जम गया। तभी अपर्णा ने कठोर स्वर से कहा, 'महाराज! तुम्हारे भीतर-ही-भीतर इतना भरा हुआ है? अब तुम मेरे सामने मत आना, मंदिर की छाया को भी मत झाँकना।' इसके पश्चात् अपर्णा ने तर्जनी से बाहर का रास्ता दिखाते हुए कहा, 'जाओ…!'

आज शक्तिनाथ को गए तीन दिन हो गए। यदुनाथ आचार्य फिर पूजा करने लगे। अपर्णा म्लान मुख से फिर पूजा देखने लगी, मानो यह किसी और की पूजा, कोई दूसरा ही आकर समाप्त कर रहा है। पूजा समाप्त कर,

अँगोछे में नैवेद्य बाँधते-बाँधते आचार्य महाशय ने गहरी साँस लेते हुए कहा, 'लड़का चिकित्सा के बिना मर गया।'

आचार्य के मुँह की ओर देखकर अपर्णा ने पूछा, 'कौन मर गया?'

'तुमने नहीं सुना क्या? कई दिन ज्वर में पड़े रहकर, वही अपना मधु भट्टाचार्य का लड़का आज सवेरे मर गया।'

अपर्णा इसके बाद भी उनके मुँह की ओर देखती रही। आचार्य ने द्वार के बाहर आकर कहा, 'आजकल पापों के फल से मृत्यु हो रही है। देवता के साथ क्या दिल्लगी चल सकती है बेटी!'

> *आज शक्तिनाथ को गए तीन दिन हो गए। यदुनाथ आचार्य फिर पूजा करने लगे। अपर्णा म्लान मुख से फिर पूजा देखने लगी, मानो यह किसी और की पूजा, कोई दूसरा ही आकर समाप्त कर रहा है। पूजा समाप्त कर, अँगोछे में नैवेद्य बाँधते-बाँधते आचार्य महाशय ने गहरी साँस लेते हुए कहा, 'लड़का चिकित्सा के बिना मर गया।'*

आचार्य चले गए। अपर्णा द्वार बंद करके पृथ्वी पर मस्तक पटक-पटक रोने, और रो-रोकर हजार बार पूछने लगी, 'भगवान्, यह किसके पाप से हुआ?'

बहुत देर पश्चात् वह उठकर बैठ गई और आँखें पोंछकर, उन सूखे हुए फूलों के भीतर से उस स्नेह के दान को उठाकर उसने अपने मस्तक से लगा लिया। तदुपरांत मंदिर के भीतर प्रवेश करके, उसे देवता के चरणों के समीप रखती हुई बोली, 'भगवान्! मैं जिसे नहीं ले सकी, उसे तुम ले लो। मैंने अपने हाथों से कभी पूजा नहीं की, आज कर रही हूँ। तुम स्वीकार कर, तृप्त हो जाओ, मेरी और कोई कामना नहीं है।'

□

हरिलक्ष्मी

जिसे लेकर इस कहानी की उत्पत्ति हुई, वह छोटी सी है, तो भी इस छोटी सी बात का अवलंबन कर गृहलक्ष्मी के जीवन में जो कुछ घटा, वह क्षुद्र भी नहीं है, तुच्छ भी नहीं है! संसार में ऐसा ही होता है। बेलपुर के दो शरीक (साझेदार) शांत नदी के तट पर जहाज के पास छोटी डोंगी की भाँति एक-दूसरे के पास निरुपद्रव बँधे हुए थे। अकस्मात् कहीं से एक तूफान ने आकर लहरों को उठाते हुए जहाज का रस्सा काट दिया; लंगर टूटते ही एक क्षण में छोटी सी डोंगी किस प्रकार ध्वस्त हो गई, उसका हिसाब नहीं पाया जा सका।

बेलपुर ताल्लुके का कोई अधिक महत्त्व नहीं है। उठते-बैठते रैयत को कष्ट पहुँचाते हुए भी हजार-बारह सौ से ऊपर की वसूली नहीं होती; परंतु साढ़े पंद्रह आने के भागीदार शिवचरन के समीप, दो पैसे के भागीदार विपिन बिहारी की यदि जहाज के साथ डोंगी की तुलना की जाए, तो शायद अतिशयोक्ति का अपराध नहीं होगा।

दूर होते हुए भी जाति एवं छह-सात पीढ़ी पहले दोनों का घर भी एक ही था; परंतु आज एक व्यक्ति की तिमंजिली अट्टालिका गाँव के माथे पर चढ़ी हुई है एवं दूसरे का जीर्ण गृह दिन-प्रतिदिन धरती में समा जाने की तैयारी कर रहा है।

तो भी इसी प्रकार दिन कट रहे थे एवं इसी प्रकार विपिन के बाकी दिन भी सुख-दुःख में निश्चित रूप से कट जाते; परंतु जिस मेघखंड द्वारा असमय

में ही तूफान ने उठकर सबकुछ उलट-पुलट दिया, उसका रूप इस प्रकार है—

साढ़े पंद्रह आने के भागीदार शिवचरन की पत्नी की अचानक मृत्यु हो जाने पर भाई-बंधुओं ने कहा—चालीस-इकतालीस भी कोई ज्यादा उम्र होती है? तुम दुबारा विवाह कर लो। शत्रु-पक्ष सुनकर हँसने लगा, चालीस की उम्र तो शिवचरण की; चालीस वर्ष पहले ही पूरी हो चुकी है अर्थात् इसमें कोई सचाई नहीं है। असल बात यह है कि बड़े बाबू का दिव्य गौर वर्ण और नाजुक शरीर है, सुपुष्ट मुख-मंडल के ऊपर रोम का चिह्न भी नहीं है। यथा-समय दाढ़ी-मूँछ उत्पन्न न होने से कुछ असुविधा हो सकती है, परंतु सुविधा भी बहुत होती है। उम्र का अंदाज लगाने के बारे में जो लोग नीचे की ओर नहीं जाना चाहते, ऊपर की ओर वे लोग किस अंक के कोठे में जाकर उसे भरते हुए खड़े होंगे, उसे स्वयं भी निश्चित नहीं कर पाते। खैर, जो भी हो, धनी पुरुष का विवाह, किसी भी देश में उम्र के पीछे रुकता नहीं, बंगाल में तो बिल्कुल नहीं! महीना-डेढ़ महीना तो शोक-ताप और ना-ना करते हुए बीत गया, उसके बाद हरिलक्ष्मी से विवाह कर शिवचरन उसे घर ले आया। शून्य-गृह एक दिन में ही शोडष-कलाओं से परिपूर्ण हो उठा। शत्रु-पक्ष चाहे कुछ भी क्यों न कहे, प्रजापति (विवाह के देवता) सचमुच ही उस पर इस बार अत्यंत प्रसन्न थे, इसे मानना ही होगा। पात्र (वर) की तुलना में नव-वधू की उम्र की ओर देखा जाए तो वह एकदम असंगत नहीं थी। उम्र चाहे अधिक हो तो भी वह सुंदरी थी, इस बात को सभी ने स्वीकार किया।

शत्रु-पक्ष चाहे कुछ भी क्यों न कहे, प्रजापति (विवाह के देवता) सचमुच ही उस पर इस बार अत्यंत प्रसन्न थे, इसे मानना ही होगा। पात्र (वर) की तुलना में नव-वधू की उम्र की ओर देखा जाए तो वह एकदम असंगत नहीं थी। उम्र चाहे अधिक हो तो भी वह सुंदरी थी, इस बात को सभी ने स्वीकार किया। प्रायः बड़ी उम्र की लड़कियों की अपेक्षा भी लक्ष्मी की उम्र कुछ अधिक हो गई थी, शायद उन्नीस से कम नहीं होगी।

प्रायः बड़ी उम्र की लड़कियों की अपेक्षा भी लक्ष्मी की उम्र कुछ अधिक हो गई थी, शायद उन्नीस से कम नहीं होगी। उसके पिता आधुनिक सभ्यता के व्यक्ति हैं, लड़की को यत्नपूर्वक उन्होंने इस उम्र तक शिक्षा दिलवाकर मैट्रिक पास कराया था। उनकी इच्छा तो कुछ और ही थी, परंतु व्यवसाय में असफल हो जाने से अचानक दरिद्र हो जाने के कारण ही, इस 'सुपात्र' को अपनी कन्या अर्पित करने के लिए वे बाध्य हुए थे।

लक्ष्मी अपनी शय्या के एक ओर यत्नपूर्वक बैठने के लिए स्थान देती हुई, क्षणभर तक चुपचाप उसे देखती रही। हाथ में कुछ सोने की चूड़ियों को छोड़कर और कोई आभूषण नहीं था, पहनावे में कुछ मैली सी एक रंगीन पाढ़ की धोती थी। जान पड़ता था, उसके पति की होगी। गँवई-गाँव की प्रथानुसार बालक बिल्कुल नंगा नहीं था, उसकी कमर में भी छींट का एक छोटा सा कपड़ा बँधा था।

लक्ष्मी शहर की लड़की थी। पति को दो-चार दिन में ही पहचान लिया। उसे कठिनाई यही हुई कि आत्मीय-आश्रित बहू परिजन-परिवृत वृहद् परिवार के बीच भी वह हृदय खोलकर किसी के साथ मिलजुल नहीं सकती थी। उधर शिवचरन के प्रयत्नों का कोई अंत न रहा। रूप-गुण संपन्न हरिलक्ष्मी को उसने जैसे एकदम अमूल्य निधि के रूप में प्राप्त किया था। घर के आत्मीय स्त्री-पुरुषों का समूह, कहाँ-किस प्रकार उसके मन को संतुष्ट रखा जा सके, इसे किसी प्रकार नहीं जान सका। एक बात वह प्रायः ही सुन पाती, इस बार मझली बहू का मुँह काला हो गया। क्या रूप, क्या गुण, क्या विद्या-बुद्धि है, मगर अब आकर उनका गर्व नष्ट हुआ है।

परंतु इतने से ही सुविधा नहीं हुई, दो-एक महीने में ही लक्ष्मी बीमार पड़ गई। इस बीमारी में ही एक दिन मझली बहू से साक्षात्कार हुआ। वह विपिन की स्त्री, बड़े घर की नव-वधू के ज्वर का समाचार सुनकर देखने के लिए आई थी। आयु में दो-तीन वर्ष अधिक जान पड़ती थी। वह भी सुंदरी

है, इसे लक्ष्मी ने मन-ही-मन स्वीकार किया; परंतु इस उम्र में ही दरिद्रता के भीषण थपेड़ों के आघात उसके सर्वांग से सुस्पष्ट हो रहे थे, साथ में लगभग छह वर्ष की उम्र का बालक था, यह भी दुर्बल था। लक्ष्मी अपनी शय्या के एक ओर यत्नपूर्वक बैठने के लिए स्थान देती हुई, क्षणभर तक चुपचाप उसे देखती रही। हाथ में कुछ सोने की चूड़ियों को छोड़कर और कोई आभूषण नहीं था, पहनावे में कुछ मैली सी एक रंगीन पाढ़ की धोती थी। जान पड़ता था, उसके पति की होगी। गँवई-गाँव की प्रथानुसार बालक बिल्कुल नंगा नहीं था, उसकी कमर में भी छींट का एक छोटा सा कपड़ा बँधा था।

लक्ष्मी उसके हाथों को पकड़कर खींचती हुई धीरे-धीरे बोली, 'भाग्य से बुखार आ गया, तभी तो आपको देख सकी; परंतु रिश्ते में मैं जेठानी होती हूँ, मझली बहू! सुनती हूँ मझले देवर इनकी अपेक्षा बहुत छोटे हैं।'

मझली बहू ने मुसकराते हुए कहा, 'जो रिश्ते में छोटी हो, उसे क्या 'आप' कहा जाता है?'

लक्ष्मी ने कहा, 'पहले दिन जो कह दिया, वह कह दिया अन्यथा 'आप' कहनेवाली मैं नहीं हूँ; परंतु इसके कारण तुम भी मुझे 'दीदी' कहकर नहीं पुकारोगी, उसे मैं नहीं सह सकूँगी, मेरा नाम लक्ष्मी है।'

मझली बहू ने कहा, 'नाम तो बताने की जरूरत नहीं है दीदी! आपको देखकर ही मालूम हो जाता है और मेरा नाम...क्या जाने, किसने हँसी उड़ाते हुए कमला रख दिया है।' यह कहकर वह कौतुक से तनिक हँस पड़ी।

हरिलक्ष्मी की इच्छा हुई, वह भी प्रतिवाद करती हुई बोली कि तुम्हारी ओर देखने से भी तुम्हारा नाम समझ में आ जाता है, परंतु नकल जैसा सुनाई पड़ने के भय से कह नहीं सकी। बोली, 'मेरे नाम का अर्थ एक है! परंतु मझली बहू, मैं तुमको 'तुम' कह सकी, परंतु तुम ऐसा नहीं कर सकीं।'

मझली बहू ने हँसते हुए उत्तर दिया, 'चट् से ऐसा हो नहीं पाता, दीदी! एक आयु को छोड़कर आप सभी बातों में मुझसे बड़ी हैं। दो-चार दिन बीतने भी दो, आवश्यकता होने पर बदलने में कितनी देर लगती है?'

हरिलक्ष्मी के मुख पर सहसा इसका जवाब नहीं आ सका। वह मन-ही-

मन समझ गई, यह स्त्री पहले दिन के परिचय को ही घनिष्ठता में परिणत नहीं करना चाहती, परंतु उसके कुछ कहने से पूर्व मझली बहू ने उठने का उपक्रम करते हुए कहा, 'अब तो उठती हूँ दीदी, कल फिर··· ।'

लक्ष्मी आश्चर्यचकित होकर बोली, 'अभी कैसे चली जाओगी, थोड़ा बैठो।'

हरिलक्ष्मी के मुख पर सहसा इसका जवाब नहीं आ सका। वह मन-ही-मन समझ गई, यह स्त्री पहले दिन के परिचय को ही घनिष्ठता में परिणत नहीं करना चाहती, परंतु उसके कुछ कहने से पूर्व मझली बहू ने उठने का उपक्रम करते हुए कहा, 'अब तो उठती हूँ दीदी, कल फिर··· ।' लक्ष्मी आश्चर्यचकित होकर बोली, 'अभी कैसे चली जाओगी, थोड़ा बैठो।'

मझली बहू ने कहा, 'आपके हुक्म देने पर तो बैठना ही पड़ेगा, परंतु आज जाऊँ दीदी, उनके आने का समय हो गया है।' यह कहकर वह उठ खड़ी हुई एवं लड़के का हाथ पकड़कर जाने से पहले मुसकराती हुई बोली, 'आऊँगी दीदी! कल कुछ जल्दी ही आऊँगी, क्यों?' कहकर धीरे-धीरे बाहर निकल गई।

विपिन की स्त्री के चले जाने पर, हरिलक्ष्मी उस ओर देखती हुई चुप पड़ी रही। इस समय उसे ज्वर नहीं था, परंतु ग्लानि थी। फिर भी कुछ देर के लिए वह सबकुछ भूल गई। इतने दिनों में गाँवभर की कितनी ही बहू-बेटियाँ आई हैं, उनकी गणना नहीं; परंतु बगलवाले इस दरिद्र घर की वधू के साथ किसी की तुलना नहीं हो सकती। वे बिना बुलाए आईं और उठना ही नहीं चाहा और बैठने के लिए कहा तो बात भी नहीं की। उनकी कैसी प्रगल्भता, कैसी वाचालता, मनोरंजन करने का कैसा लज्जाजनक प्रयास था। उसका बोझिल मन बीच-बीच में विद्रोही हो उठा; परंतु इसी बीच अचानक कौन आकर उसकी रोग-शय्या के समीप कुछ क्षणों के लिए अपना परिचय दे गई। उसके पिता के घर (मायके) की बात पूछने का समय ही नहीं था,

परंतु न पूछने पर भी लक्ष्मी ने कैसे जाना, कैसे अनुभव किया, उसकी भाँति वह किसी तरह कलकत्ते की लड़की नहीं है। गँवई-गाँव में, लिखना-पढ़ना जानती है, कहकर विपिन की स्त्री की एक प्रसिद्धि है।

लक्ष्मी ने सोचा, बहुत संभव है बहू रामायण और महाभारत का सस्वर पाठ कर सकती हो, परंतु इससे अधिक कुछ नहीं। जिस पिता ने विपिन जैसे दीन-दुःखी के हाथों में अपनी लड़की सौंप दी है, उसने किसी प्रकार मास्टर रखकर अथवा स्कूल में पढ़ाकर ऊँची क्लास (कक्षा) पास करने के पश्चात् कन्या को दान नहीं किया होगा। उज्ज्वल श्यामवर्ण गोरा नहीं कहा जा सकता, परंतु रूप की बात छोड़ देने पर भी शिक्षा, संसर्ग अवस्था, किसी प्रकार भी तो विपिन की स्त्री उसके बराबर खड़ी नहीं हो सकती, परंतु एक बात से लक्ष्मी अपने को मन में जैसा छोटा अनुभव करने लगी, उसका कंठ स्वर, वह जैसे संगीत के समान है, और बोलने का ढंग तो जैसे मधु से भरा हुआ, तनिक भी अटकाव नहीं। बातों को वह जैसे घर से ही कंठस्थ करके आई हो, ऐसी सरल, परंतु सबकी अपेक्षा जिस वस्तु ने उसे विशेष रूप से बींधा, वह उस स्त्री की दूरी थी। वह दरिद्र घर की बहू है, इसे मुँह से न कहकर इस प्रकार प्रकट कर गई, जैसे यह उसके लिए स्वाभाविक है, जैसे इसे छोड़कर और कुछ उसे किसी भी प्रकार शोभा नहीं देगा। वह दरिद्र है, किंतु कंगाल नहीं। एक भले परिवार की बहू, दूसरे घर की बहू की बीमारी में उसकी खोज-खबर लेने आई है। इसके अतिरिक्त लेशमात्र भी अन्य कोई उद्‌देश्य नहीं है। संध्या हो जाने पर जब पति देखने के लिए आए, तब हरिलक्ष्मी ने बहुत सी बातों के

लक्ष्मी ने सोचा, बहुत संभव है बहू रामायण और महाभारत का सस्वर पाठ कर सकती हो, परंतु इससे अधिक कुछ नहीं। जिस पिता ने विपिन जैसे दीन-दुःखी के हाथों में अपनी लड़की सौंप दी है, उसने किसी प्रकार मास्टर रखकर अथवा स्कूल में पढ़ाकर ऊँची क्लास (कक्षा) पास करने के पश्चात् कन्या को दान नहीं किया होगा।

बाद कहा, 'आज उस घर की मझली बहूरानी को देखा।'

शिवचरन ने कहा, 'किसे? विपिन बाबू की बहू को?'

लक्ष्मी ने कहा, 'हाँ! मेरा भाग्य अच्छा था, इतने दिनों बाद मुझे स्वयं ही देखने आई; परंतु पाँच मिनट से अधिक बैठ नहीं सकी। 'काम है' कहकर उठ गई।'

शिवचरन ने कहा, 'काम? अरे, उन लोगों के घर दास-दासी थोड़े ही हैं। बरतन माँजने से लेकर हाँड़ी उठाने तक, कोई तुम्हारी तरह सो-बैठकर शरीर को आराम तो दे ले, तब देखूँ। एक लुटिया पानी तक तुम्हें अपने हाथ से भरकर नहीं पीना पड़ता।'

शिवचरन ने कहा, 'काम? अरे, उन लोगों के घर दास-दासी थोड़े ही हैं। बरतन माँजने से लेकर हाँड़ी उठाने तक, कोई तुम्हारी तरह सो-बैठकर शरीर को आराम तो दे ले, तब देखूँ। एक लुटिया पानी तक तुम्हें अपने हाथ से भरकर नहीं पीना पड़ता।'

अपने बारे में ऐसा मंतव्य हरिलक्ष्मी को अत्यंत खराब लगा; परंतु बात तो उसकी बड़ाई करने के लिए कही गई थी, यह जानकर वह रुष्ट नहीं हुई। बोली, 'सुनती हूँ कि मझली बहू को बड़ा घमंड है, घर छोड़कर कहीं जाती ही नहीं।'

शिवचरन ने कहा, 'जाएगी कहाँ? हाथ में चूड़ियों के अतिरिक्त और राख भी नहीं है। लज्जा से मुँह भी नहीं दिखा पाती।'

हरिलक्ष्मी तनिक मुसकराती हुई बोली, 'लज्जा किसकी, देश के लोग क्या उसके शरीर पर जड़ाऊ गहने देखने के लिए व्याकुल हैं, जो न देख पाने पर छिह-छिह कर उठेंगे?'

शिवचरन ने कहा, 'जड़ाऊ गहने मैंने जो तुम्हें दिए हैं, किसी बेटे ने वे आँखों से भी देखे हैं? स्त्री को आज तक दो चूड़ियों के अतिरिक्त और कुछ भी गढ़वाकर नहीं दे सका। बाबू रुपए का बड़ा जोर है। जूता मारूँगा और¨।'

हरिलक्ष्मी खिन्न तथा अत्यंत लज्जित होकर बोली, 'छिह-छिह, यह सब बात तुम क्यों कहते हो?'

शिवचरन ने कहा, 'नहीं, नहीं, हमारे पास लुकी-छिपी बात नहीं है।

जो मैं कहूँगा, वह स्पष्ट बात होगी।'

हरिलक्ष्मी बिना उत्तर दिए आँखें बंद करके सो गई। बोलने के लिए था ही क्या ? ये लोग कमजोर मनुष्य के विरुद्ध अत्यंत असभ्य बात, कठोर और कर्कश स्वर में उच्चारण करना ही स्पष्टवादिता समझते हैं। शिवचरन शांत नहीं हुआ, कहने लगा, 'ब्याह पर जो पचास रुपए उधार ले गया था, वे सूद और असल मिलाकर सात–आठ सौ हो गए हैं, उसका भी खयाल है ? गरीब एक कोने में पड़ा है तो पड़ा रहे, इच्छा करते ही कान पकड़कर दूर कर सकता हूँ। दासी के योग्य भी नहीं है, मेरी स्त्री के सामने घमंड करती है !'

हरिलक्ष्मी करवट बदलकर सो गई। बीमारी के ऊपर विरक्ति और लज्जा से उसका संपूर्ण शरीर जैसे कँपकँपाने लगा।

दूसरे दिन दोपहर के समय घर में कोमल शब्द सुनकर उसने आँखें खोलकर देखा; विपिन की स्त्री बाहर निकलकर जा रही थी। पुकारकर कहा, 'मझली बहू, चली जा रही हो क्या ?'

मझली बहू शरमाती हुई लौट आई और बोली, 'मैंने सोचा; आप सो रही हैं। आज कैसी हैं दीदी ?'

हरिलक्ष्मी करवट बदलकर सो गई। बीमारी के ऊपर विरक्ति और लज्जा से उसका संपूर्ण शरीर जैसे कँपकँपाने लगा। दूसरे दिन दोपहर के समय घर में कोमल शब्द सुनकर उसने आँखें खोलकर देखा; विपिन की स्त्री बाहर निकलकर जा रही थी। पुकारकर कहा, 'मझली बहू, चली जा रही हो क्या ?' मझली बहू शरमाती हुई लौट आई और बोली, 'मैंने सोचा; आप सो रही हैं। आज कैसी हैं दीदी ?'

हरिलक्ष्मी ने कहा, 'आज बहुत अच्छी हूँ। क्यों, अपने बेटे को नहीं लाईं ?'

मझली बहू बोली, 'आज वह अचानक ही सो गया, दीदी।'

'अचानक सो गया, इसका क्या मतलब ?'

'आदत खराब हो जाएगी, इसलिए मैं उसे दिन में सोने नहीं देती दीदी।'

हरिलक्ष्मी ने पूछा, 'धूप में ऊधम करता हुआ नहीं घूमता-फिरता?'

मझली बहू ने कहा, 'करता क्यों नहीं, परंतु सोने की अपेक्षा वह अधिक अच्छा है।'

'तुम स्वयं शायद कभी नहीं सोतीं?'

मझली बहू मुसकराती हुई गरदन हिलाकर बोली, 'नहीं।'

हरिलक्ष्मी ने सोचा; स्त्रियों के स्वभाव के अनुसार, इस बार शायद वह अपनी व्यस्तता की लंबी सूची सुनाने बैठ जाएगी, परंतु उसने वैसा नहीं किया। इसके पश्चात् दूसरी बातें चलने लगीं। बातों-ही-बातों में हरिलक्ष्मी ने अपने पिता के घर की बात, भाई-बहनों की बात, मास्टर महाशय की बात, स्कूलों की बात, यही क्यों अपने मैट्रिक पास करने की बात भी कहानी की तरह कह डाली। बहुत देर बाद उसे जब होश आया, तब स्पष्ट रूप से देखा; श्रोता के हिसाब से मझली बहू कितनी भी भली क्यों न हो, वक्ता के हिसाब से एकदम तुच्छ है। अपनी बात उसने प्रायः कुछ नहीं कही। पहले तो लक्ष्मी को लज्जा सी लगी, परंतु तभी मन में सोचा; हमारे साथ गपशप करने योग्य उसके पास है ही क्या? परंतु तभी कल जिस प्रकार इस बहू के विरुद्ध उनका मन अप्रसन्न हो उठा था, आज उसी प्रकार कुछ अधिक तृप्त सा अनुभव होने लगा।

दीवार की मूल्यवान घड़ी से, विभिन्न वाद्ययंत्रों के सुर-ताल में तीन बजे, मझली बहू ने उठकर खड़े होते हुए नम्रतापूर्वक कहा, 'दीदी आज तो अब जाऊँ?'
लक्ष्मी ने कौतूहलपूर्वक कहा, 'बहन, लगता है कि तीन बजे तक ही तुम्हें छुट्टी रहती है। देवर क्या घड़ी की सुइयों को देखकर ही घर में घुसते हैं?'

दीवार की मूल्यवान घड़ी से, विभिन्न वाद्ययंत्रों के सुर-ताल में तीन बजे, मझली बहू ने उठकर खड़े होते हुए नम्रतापूर्वक कहा, 'दीदी आज तो अब जाऊँ?'

लक्ष्मी ने कौतूहलपूर्वक कहा, 'बहन, लगता है कि तीन बजे तक ही तुम्हें छुट्टी रहती है। देवर क्या घड़ी की सुइयों को देखकर ही घर में घुसते हैं?'

मझली बहू ने कहा, 'आज तो वे घर पर ही हैं।'

'आज फिर जल्दी क्यों? थोड़ा और बैठो न।'

मझली बहू बैठी नहीं, परंतु जाने के लिए भी नहीं बढ़ी। धीरे-धीरे बोली, 'दीदी, आपकी कैसी शिक्षा-दीक्षा हुई, कैसी पढ़ी-लिखी हैं और मैं ठहरी गँवई-गाँव की···।'

'तुम्हारे पिता का घर शायद देहात में है?'

'हाँ, दीदी, वे बिल्कुल देहात में रहते हैं। न जाने क्या-से-क्या कह गई होऊँ, परंतु असम्मान करने के लिए नहीं। मुझे आप जो भी शपथ खाने के लिए कहें, दीदी···'

हरिलक्ष्मी ने आश्चर्य से कहा, 'यह क्या मझली बहू, तुमने तो मुझसे ऐसी कोई भी बात नहीं कही।'

मझली बहू ने इस बात के प्रत्युत्तर में और कोई बात नहीं कही; परंतु 'आऊँगी' कहकर पुनः विदा लेकर जब वह धीरे-धीरे बाहर गई, उस समय उसका कंठस्वर जैसे अचानक कुछ और ही तरह का सुनाई पड़ा।

रात में शिवचरन ने जब कमरे में प्रवेश किया, उस समय हरिलक्ष्मी चुपचाप सो रही थी। मझली बहू की बातों का उस समय कोई स्मरण नहीं था। शरीर अपेक्षाकृत स्वस्थ, मन भी शांत और प्रसन्न था।

शिवचरन ने पूछा, 'कैसी हो बड़ी बहू?'

लक्ष्मी ने उठकर बैठते हुए कहा, 'अच्छी हूँ।'

शिवचरन ने पूछा, 'कैसी हो बड़ी बहू?'
लक्ष्मी ने उठकर बैठते हुए कहा, 'अच्छी हूँ।'
शिवचरन ने कहा, 'सवेरे की बात जानती हो? बच्चू को बुलाकर सबके सामने इस प्रकार डाँट दिया कि जन्मभर नहीं भूलेगा। मैं बेलपुर का शिवचरन हूँ, हाँ!'
हरिलक्ष्मी ने डरते हुए कहा, 'किसे जी?'

शिवचरन ने कहा, 'सवेरे की बात जानती हो? बच्चू को बुलाकर सबके सामने इस प्रकार डाँट दिया कि जन्मभर नहीं भूलेगा। मैं बेलपुर का शिवचरन हूँ, हाँ!'

हरिलक्ष्मी ने डरते हुए कहा, 'किसे जी?'

शिवचरन ने कहा, 'विपिन को बुलाकर कह दिया; तुम्हारी स्त्री, हमारी स्त्री के सामने शान दिखाकर अपमान कर जाए, इतनी बड़ी हिमाकत? पाजी, नालायक, ओछे लोगों की लड़की! उसके सिर के बाल मुँड़वाकर, गधे पर चढ़ाकर बाहर निकलवा सकता हूँ, जानता है?'

हरिलक्ष्मी का रोग-क्लिष्ट चेहरा एकदम धक् रह गया, 'क्या कहते हो जी?'

शिवचरन अपनी छाती ठोंकते हुए घमंडपूर्वक कहने लगा, 'इस गाँव का जज कहो मजिस्ट्रेट कहो, और दारोगा-पुलिस कहो, सबकुछ यही बंदा है! यही बंदा! मारने की लकड़ी और जिलाने की लकड़ी इसी के हाथ में है। मैं लाटू चौधरी का लड़का हूँ। तुम कहो तो कल ही यदि विपिन की बहू आकर तुम्हारे पाँव न दबाए, तो मैं...'

विपिन की बहू को सब लोगों के सामने अपमातिक और लांछित करने का विवरण तथा व्याख्या में लाटू चौधरी के सपूत ने गालियाँ बकने में कोई कसर नहीं छोड़ी और उसी की ओर निर्निमेष नेत्रों से देखती हुई हरिलक्ष्मी का मन कहने लगा, 'धरती माता, फट जाओ।'

दो

दूसरी पत्नी के जीवन की रक्षा के लिए शिवचरन केवल अपने शरीर के अतिरिक्त सबकुछ दे सकता है। हरिलक्ष्मी का वह शरीर बेलपुर में स्वस्थ नहीं होना चाहता। डॉक्टर ने जलवायु बदलने का परामर्श दिया। शिवचरन ने अपनी साढ़े पंद्रह आने की हैसियत के अनुसार, जलवायु बदलने जाने के संबंध में तैयारियाँ करना आरंभ कर दिया। यात्रा के शुभ दिन में गाँव के लोग टूट पड़े। आया नहीं तो केवल विपिन और उसकी स्त्री। बाहर

मझली बहू के प्रति उसके क्षोभ और अभिमान की मात्रा किसी की भी अपेक्षा कम नहीं थी। वह मन-ही-मन कहने लगी; मेरे बर्बर पति ने कितना भी अन्याय क्यों न किया हो, मैंने स्वयं तो कुछ नहीं किया, परंतु घर की और बाहर की सभी स्त्रियाँ आज चिल्ला रही थीं, उसके साथ किसी भी प्रकार अपना कंठस्वर मिलाने में उसे घृणा अनुभव हुई।

शिवचरन न कहने योग्य बातें कहने लगा एवं भीतर बड़ी बुआ उत्तप्त हो उठीं। बाहर भी आग लगानेवाले लोगों की कमी नहीं थी; अंत:पुर में भी उसी प्रकार, बुआजी के चीत्कार का विस्तार बढ़ाने के लिए यथेष्ट स्त्रियाँ जुट गईं। कुछ नहीं बोली तो केवल हरिलक्ष्मी ही। मझली बहू के प्रति उसके क्षोभ और अभिमान की मात्रा किसी की भी अपेक्षा कम नहीं थी। वह मन-ही-मन कहने लगी; मेरे बर्बर पति ने कितना भी अन्याय क्यों न किया हो, मैंने स्वयं तो कुछ नहीं किया, परंतु घर की और बाहर की सभी स्त्रियाँ आज चिल्ला रही थीं, उसके साथ किसी भी प्रकार अपना कंठस्वर मिलाने में उसे घृणा अनुभव हुई। मार्ग में पालकी के दरवाजे से झाँककर लक्ष्मी ने उत्सुक नेत्रों से विपिन के जीर्णगृह की खिड़की की ओर देखा, परंतु किसी की छाया भी उसकी आँखों में नहीं पड़ी।

काशी में मकान ठीक कर लिया गया था। वहाँ की जलवायु के गुण से नष्ट स्वास्थ्य को पुन: प्राप्त करने में लक्ष्मी को विलंब नहीं हुआ। चार महीने बाद जब वह फिर लौट आई, तो उसके शरीर की कांति देखकर स्त्रियों की गुप्त ईर्ष्या की कोई सीमा न रही।

हेमंत ऋतु आने ही वाली है। दोपहर के समय मझली बहू चिर-रुग्ण पति के समीप बैठी एक ऊनी गुलूबंद बुन रही है। पास ही बैठा हुआ लड़का खेल रहा है, वह देखते ही कलरव करता हुआ उठ खड़ा हुआ, 'माँ, ताईजी!'

माँ ने अपने हाथ का काम हटाकर, झटपट नमस्कार कर एक आसन बिछा दिया; मुसकराते हुए पूछा, 'शरीर स्वस्थ हो गया दीदी!'

लक्ष्मी ने कहा, 'हाँ, हो गया! परंतु नहीं भी हो सकता था, नहीं भी लौट सकती थी, तुमने तो जाते समय एक बार खोज-खबर भी नहीं ली। संपूर्ण मार्ग तुम्हारी खिड़की की ओर देखते-देखते कटा, एक बार छाया तक आँखों में नहीं पड़ी; रोहिणी बहन चली जा रही थी, क्या थोड़ी सी ममता नहीं हुई, मझली बहू ? ऐसी पत्थर हो तुम ?'

मझली बहू के नेत्र छलछला आए, परंतु उसने कोई उत्तर नहीं दिया।

लक्ष्मी बोली, 'मेरा जरा भी दोष है, मझली बहू ? तुम्हारी तरह मेरा मन निष्ठुर नहीं है। भगवान् न करे, परंतु ऐसे अवसर पर मैं तुम्हें देखे बिना रह नहीं सकती थी।'

मझली बहू ने इस अभियोग का भी कोई जवाब नहीं दिया, निरुत्तर खड़ी रही।

मझली बहू के नेत्र छलछला आए, परंतु उसने कोई उत्तर नहीं दिया।
लक्ष्मी बोली, 'मेरा जरा भी दोष है, मझली बहू ? तुम्हारी तरह मेरा मन निष्ठुर नहीं है। भगवान् न करे, परंतु ऐसे अवसर पर मैं तुम्हें देखे बिना रह नहीं सकती थी।'
मझली बहू ने इस अभियोग का भी कोई जवाब नहीं दिया, निरुत्तर खड़ी रही।

लक्ष्मी यहाँ पहले कभी नहीं आई, आज पहली ही बार इस घर में प्रवेश किया है। कमरों को घूम-फिरकर देखने लगी। सौ वर्षों का पुराना-धुराना घर। केवल तीन कमरे ही किसी प्रकार रहने योग्य रह गए थे। दरिद्र का निवास, मरम्मत कराने की सामर्थ्य नहीं, तो भी अनावश्यक गंदगी उसमें कहीं भी नहीं है। थोड़े से बिछौने चमचमा रहे हैं, दो-चार देवी-देवताओं के चित्र टँगे हुए हैं और हैं मझली बहू के हाथों से निर्मित विभिन्न भाँति के शिल्पकर्म, अधिकतर ऊन और सूत के काम हैं। उनमें किसी नौसिखुए के हाथ का बना, लाल चोंच तथा हरे रंग वाला न तो कोई तोता है और न पंचरंगी बिल्ली की सूरत है। मूल्यवान फ्रेम में जड़े हुए लाल, नीले, बैंगनी, श्वेत, पीले आदि अनेक रंगों के विचित्र संयोग से ऊन द्वारा बुने हुए 'वैलकम' 'आइए बैठिए' अथवा अशुद्ध काढ़े

गए गीता के श्लोकार्थ भी नहीं हैं। लक्ष्मी ने आश्चर्य से पूछा, 'वह किनकी तसवीर है मझली बहू, जैसे पहचानी सी लगती है?'

मझली बहू ने शरमाकर हँसते हुए कहा, 'वह तिलक महाराज की तसवीर देखकर बनाने का प्रयत्न किया था दीदी, किंतु कुछ भी नहीं बनी।' कहकर उसने सामने की दीवार पर टँगी हुई, भारत के कौस्तुभ मणि लोकमान्य तिलक की तसवीर को उँगली से दिखा दिया।

लक्ष्मी बहुत देर तक उसकी ओर देखती रहने के बाद धीरे-धीरे बोली, 'पहचान नहीं सकी, यह मेरा ही दोष है, मझली बहू, तुम्हारा नहीं। मुझे सिखाओगी भई? यह विद्या अगर सीख सकूँ, तो तुम्हें गुरु मानने में मुझे कोई आपत्ति न होगी।'

मझली बहू हँसने लगी। उस दिन तीन-चार घंटे बाद शाम को जब लक्ष्मी घर लौट आई, तब यह बात निश्चित कर गई कि कलाशिल्प सीखने के लिए कल से वह प्रतिदिन आएगी।

लक्ष्मी बहुत देर तक उसकी ओर देखती रहने के बाद धीरे-धीरे बोली, 'पहचान नहीं सकी, यह मेरा ही दोष है, मझली बहू, तुम्हारा नहीं। मुझे सिखाओगी भई? यह विद्या अगर सीख सकूँ, तो तुम्हें गुरु मानने में मुझे कोई आपत्ति न होगी।'

मझली बहू हँसने लगी। उस दिन तीन-चार घंटे बाद शाम को जब लक्ष्मी घर लौट आई, तब यह बात निश्चित कर गई कि कलाशिल्प सीखने के लिए कल से वह प्रतिदिन आएगी।

वह आने भी लगी; परंतु दस-पंद्रह दिन में ही स्पष्ट समझ गई कि यह विद्या कठिन है, सीखने में भी बहुत लंबा समय लगेगा। एक दिन लक्ष्मी ने कहा, 'क्यों मझली बहू, तुम मुझे ध्यान से नहीं सिखाती हो?'

मझली बहू बोली, 'बहुत समय लगेगा दीदी, इसकी अपेक्षा आप अन्य बुनाई सीखिए।'

लक्ष्मी ने मन-ही-मन क्रोध किया, परंतु उसे छिपाकर जिज्ञासा की,

'तुम्हें सीखने में कितने दिन लगे मझली बहू?'

मझली बहू ने उत्तर दिया, 'मुझे किसी ने सिखाया नहीं दीदी, अपने प्रयत्न से धीरे-धीरे करके...'

लक्ष्मी बोली, 'तभी तो! अन्यथा दूसरे से सीखने जातीं, तो तुम भी समय का हिसाब रखतीं।'

मुँह से वह कुछ भी कहे, मन-ही-मन निस्संदेह अनुभव करती—ज्ञान और तीक्ष्ण बुद्धि में इस मझली बहू के समक्ष वह खड़ी नहीं हो सकती। आज उसकी शिक्षा का काम आगे नहीं बढ़ा एवं समय से बहुत पहले ही वह सुई-धागा-पैटर्न लपेटकर घर चली गई। दूसरे दिन वह नहीं आई एवं प्रतिदिन के आगमन के नियम में यह पहला व्याघात हुआ।

मुँह से वह कुछ भी कहे, मन-ही-मन निस्संदेह अनुभव करती—ज्ञान और तीक्ष्ण बुद्धि में इस मझली बहू के समक्ष वह खड़ी नहीं हो सकती। आज उसकी शिक्षा का काम आगे नहीं बढ़ा एवं समय से बहुत पहले ही वह सुई-धागा-पैटर्न लपेटकर घर चली गई। दूसरे दिन वह नहीं आई एवं प्रतिदिन के आगमन के नियम में यह पहला व्याघात हुआ।

चार दिन बाद फिर एक दिन हरिलक्ष्मी अपने सुई-धागे के बक्स को हाथ में लिए इस घर में आ उपस्थित हुई। मझली बहू अपने लड़के को रामायण में से चित्र दिखाती हुई कहानी सुना रही थी। चौंककर उठती हुई उसने आसन बिछा दिया। उद्विग्न कंठ से पूछा, 'दो-तीन दिन नहीं आईं, आपकी तबीयत ठीक नहीं थी शायद?'

लक्ष्मी ने गंभीर होकर कहा, 'नहीं, ऐसे ही पाँच-छह दिन नहीं आ सकी।'

मझली बहू आश्चर्य प्रकट करती हुई बोली, 'पाँच-छह दिन नहीं आईं? शायद इतने ही दिन हो गए, परंतु आज इसलिए दो घंटे अधिक ठहरकर काम को पूरा कर लेना चाहिए।'

लक्ष्मी बोली, 'हूँ, परंतु मेरी तबीयत खराब हो ही गई हो, तो तुम्हें तो

एक बार पता लगा लेना उचित था।'

मझली बहू शरमाती हुई बोली, 'उचित अवश्य था, परंतु गृहस्थी के अनेक तरह के काम हैं; अकेला मनुष्य; किसे भेजती, बताओ? परंतु अपराध हुआ है, इसे स्वीकार करती हूँ दीदी!'

लक्ष्मी मन-ही-मन प्रसन्न हुई। इतने दिनों तक वह अत्यंत अभिमान के कारण ही नहीं आ पाई थी, फिर भी दिन-रात जाऊँ-जाऊँ करते ही उसके दिन कट गए थे। इस मझली बहू को छोड़कर, केवल घर में ही नहीं, संपूर्ण गाँव में कोई नहीं है, जिसके साथ हृदय खोलकर मिला जा सके। लड़का अपनी इच्छानुसार तसवीरें देख रहा था। हरिलक्ष्मी ने उसे पुकारकर कहा, 'निखिल, पास तो आओ बेटे!' उसके पास आ जाने पर, लक्ष्मी बक्स को खोलकर एक सोने का हार उसके गले में पहनाती हुई बोली, 'जाओ, खेलो-कूदो।'

माँ का मुख गंभीर हो उठा, उसने पूछा, 'आपने यह क्या उसे दे दिया है?'

लक्ष्मी ने मुसकराते हुए जवाब दिया—'दे दिया तो क्या हुआ?'

मझली बहू ने कहा, 'आपके दे देने से ही वह कैसे ले लेगा?'

लक्ष्मी अप्रतिभ हो उठी, कहा, 'ताई क्या एक हार भी नहीं दे सकेगी?'

मझली बहू बोली, 'यह तो नहीं जानती दीदी, परंतु एक बात निश्चित रूप से जानती हूँ कि माँ होने की वजह से मैं लेने नहीं दूँगी। निखिल, उसे खोलकर अपनी ताईजी को दे दो। दीदी, हम गरीब हैं, परंतु भिखारी नहीं हैं। कोई एक मूल्यवान वस्तु पाने के लिए दोनों हाथ फैला दें, यह नहीं होगा।'

मझली बहू बोली, 'यह तो नहीं जानती दीदी, परंतु एक बात निश्चित रूप से जानती हूँ कि माँ होने की वजह से मैं लेने नहीं दूँगी। निखिल, उसे खोलकर अपनी ताईजी को दे दो। दीदी, हम गरीब हैं, परंतु भिखारी नहीं हैं। कोई एक मूल्यवान वस्तु पाने के लिए दोनों हाथ फैला दें, यह नहीं होगा।'

लक्ष्मी स्तब्ध होकर बैठी रही। आज भी उसका मन कहने लगा—पृथ्वी फट जाओ!

मझली बहू बोली, 'उनकी अनेक बातें मेरे कानों में आती हैं, मेरी एक बात उनके कान में पड़ जाने से कान अपवित्र नहीं हो जाएँगे।'

लक्ष्मी ने कहा, 'ठीक है, परीक्षा करके देखना ही पड़ेगा।' फिर कुछ ठहरकर बोली, 'मेरा खामखाह अपमान करने की जरूरत नहीं है मझली बहू। मैं भी दंड देना जानती हूँ।'

मझली बहू बोली, 'यह तो आपकी नाराजगी की बात हुई अन्यथा मैंने तो आपका अपमान नहीं किया। केवल अपने पति का ही खामखाह अपमान आपको नहीं करने दिया, यह समझने की बुद्धि आपको है।'

लक्ष्मी ने कहा, 'वह तो है। नहीं है, तो केवल तुम जैसी देहाती औरतों के साथ लड़ने-झगड़ने की शिक्षा।'

मझली बहू ने इस कड़वी बात का उत्तर नहीं दिया; चुप रह गई।

लक्ष्मी चलने के लिए प्रस्तुत होते हुए बोली, 'उस हार का मूल्य कुछ भी हो, बालक को स्नेह के कारण ही मैंने दिया है। तुम्हारे पति का दुःख दूर होगा, यह सोचकर नहीं दिया था। मझली बहू, बड़े आदमी सभी गरीब का केवल अपमान करते-फिरते हैं, केवल यही सीख रखा है? प्यार भी कर सकते हैं, यह तुमने नहीं सीखा? सीखने की आवश्यकता है, परंतु फिर आकर हाथ-पैर मत छूती फिरना।

प्रत्युत्तर में मझली बहू तनिक मुसकराती हुई बोली, 'नहीं दीदी, उसकी चिंता तुम्हें नहीं करनी पड़ेगी।'

तीन

बाढ़ के दबाव से मिट्टी का बाँध जब टूटना शुरू होता है, उस समय उसका साधारण सा आरंभ देखकर कल्पना भी नहीं होती कि अविश्रांत जल-प्रवाह इतने अल्प समय में ही उस छिछलेपन को इतना भयावह, इतना सुविशाल कर डालेगा। ठीक ऐसा हुआ हरिलक्ष्मी के संबंध में। विपिन और उसकी स्त्री के विरुद्ध पति के समीप लगाए गए अभियोग की उसकी बातें जब समाप्त हुईं, तब उसके परिणाम की कल्पना करके वह

स्वयं भयभीत हो गई। झूठ बोलने का उसका स्वभाव भी नहीं है, बोलते समय उसकी शिक्षा और मर्यादा भी बाधक बनती है; परंतु दुर्निवार जल-स्रोत की भाँति, जो सब बातें अपनी ही झोंक में उसके मुँह से निकल पड़ीं, उनमें बहुत सी जो सत्य नहीं थीं, उन्हें भी वह समझ गई और उनका गतिरोध करना भी जैसे उसके वश के बाहर है, इसे अनुभव करने में भी लक्ष्मी पीछे नहीं रही। केवल एक बात को वह अभी तक ठीक से नहीं समझ पाई, वह अपने पति का स्वभाव। वह जैसा निष्ठुर है, वैसा ही प्रतिहिंसापरायण एवं वैसा ही बर्बर है। पीड़ा पहुँचाने की भी कहीं कोई सीमा है, इसे जैसे वह जानता ही नहीं। आज शिवचरन उछला-कूदा नहीं, सब बातों को सुनकर केवल यह कहा, 'अच्छा है, छह महीने बाद देखना। साल लौटकर नहीं आएगा, यह पक्का है।'

अपमान-लांछना की ज्वाला हरिलक्ष्मी के हृदय में जल रही थी। विपिन की स्त्री अच्छी तरह दंड भोगे, इसे वह सचमुच ही चाहती थी; परंतु शिवचरन के बाहर चले जाने पर, इस साधारण सी बात को मन के भीतर बारंबार घुमाने पर भी, लक्ष्मी के मन को शांति नहीं मिल पाई। कहीं कोई बड़ी भारी खराबी हो गई है, ऐसा उसे बोध होने लगा।

अपमान-लांछना की ज्वाला हरिलक्ष्मी के हृदय में जल रही थी। विपिन की स्त्री अच्छी तरह दंड भोगे, इसे वह सचमुच ही चाहती थी; परंतु शिवचरन के बाहर चले जाने पर, इस साधारण सी बात को मन के भीतर बारंबार घुमाने पर भी, लक्ष्मी के मन को शांति नहीं मिल पाई। कहीं कोई बड़ी भारी खराबी हो गई है, ऐसा उसे बोध होने लगा।

कई दिन बीत जाने पर, एक बात के प्रसंग में हरिलक्ष्मी ने मुसकाते हुए अपने पति से पूछा, 'उन लोगों के संबंध में कुछ कर रहे हो या नहीं?'

'किसके संबंध में?'

'विपिन देवर के संबंध में।'

शिवचरन ने निस्पृह भाव से कहा, 'क्या करूँ और कर ही क्या सकता

हूँ? मैं साधारण आदमी जो ठहरा।'

हरिलक्ष्मी ने उद्विग्न होकर कहा, 'इस बात का मतलब?'

शिवचरन ने कहा, 'मझली बहू कहा करती है न, राज्य तो जेठजी का नहीं है, अंग्रेज गवर्नमेंट का है!'

हरिलक्ष्मी ने कहा, 'कहती तो है, परंतु अच्छा…'

स्त्री ने तनिक संदेह प्रकट करते हुए कहा, 'परंतु मझली बहू तो ठीक इस तरह की बात कभी नहीं कहती। बड़ी चालाक है क्या? बहुत से लोग बात को बढ़ा-चढ़ाकर भी तुमसे कह देते हैं।' शिवचरन ने कहा, 'इसमें कोई अचरज नहीं है, तो भी इस बात को मैंने अपने कानों से सुना है।'

'क्या अच्छा?'

स्त्री ने तनिक संदेह प्रकट करते हुए कहा, 'परंतु मझली बहू तो ठीक इस तरह की बात कभी नहीं कहती। बड़ी चालाक है क्या? बहुत से लोग बात को बढ़ा-चढ़ाकर भी तुमसे कह देते हैं।'

शिवचरन ने कहा, 'इसमें कोई अचरज नहीं है, तो भी इस बात को मैंने अपने कानों से सुना है।'

हरिलक्ष्मी विश्वास नहीं कर सकी, परंतु उसी समय, पति के मनोरंजन के लिए सहसा नाराजी प्रकट करती हुई बोल उठी, 'कहो तो सही, इतना अधिक अहंकार! मुझे जो चाहा सो कहा, परंतु जेठ होने के नाते, तुम्हारा तो कुछ सम्मान रखने की आवश्यकता थी।'

शिवचरन बोला, 'हिंदुओं के घर में ऐसा ही तो सब लोग समझते हैं। पढ़ी-लिखी विद्वान् औरत जो ठहरी। तभी तो मेरा अपमान कर पाती है, परंतु तुम्हारा अपमान करके कोई नहीं बच सकता। बाहर एक जरूरी काम है, मैं चला।' कहकर शिवचरन बाहर निकल गया। बात को जिस प्रकार हरिलक्ष्मी कहना चाहती थी, वह नहीं हुआ, अपितु उलटा हो गया। पति के चले जाने पर उसे रह-रहकर यही खयाल होने लगा।

बाहर जाकर शिवचरन ने विपिन को बुलाकर कहा, 'पाँच-सात वर्षों से

तुमसे कहता चला आ रहा हूँ, विपिन; अपने मवेशियों को यहाँ से हटा लो। सोने के कमरे में ठहरना कठिन हो गया है। बात को क्या तुमने अपने कान में न डालने का निश्चय कर रखा है?'

विपिन ने आश्चर्यचकित होकर कहा, 'क्या? मैंने तो एक बार भी नहीं सुना, बड़े भाई!'

शिवचरन ने आसानी के साथ कहा, 'कम-से-कम दस बार मैंने अपने ही मुँह से तुम्हें कहा है। तुम्हें याद न रहने से कोई हानि नहीं, परंतु इतनी बड़ी जमींदारी का जिसे शासन करना पड़ता है, उसकी बात को भूल जाने से नहीं चलेगा। खैर जो भी हो, तुम्हें स्वयं यह अक्ल रखना उचित है कि दूसरे की जगह में अपने मवेशी बाँधना कितने दिन तक चलेगा? कल ही उन्हें हटा लेना। मुझे और अवकाश नहीं मिलेगा, तुम्हें अंतिम बार जता दिया है।'

कम-से-कम दस बार मैंने अपने ही मुँह से तुम्हें कहा है। तुम्हें याद न रहने से कोई हानि नहीं, परंतु इतनी बड़ी जमींदारी का जिसे शासन करना पड़ता है, उसकी बात को भूल जाने से नहीं चलेगा। खैर जो भी हो, तुम्हें स्वयं यह अक्ल रखना उचित है कि दूसरे की जगह में अपने मवेशी बाँधना कितने दिन तक चलेगा?

विपिन के मुँह से ऐसे ही बात नहीं निकलती, अचानक इस अत्यंत आश्चर्यजनक प्रस्ताव के सम्मुख वह एकदम अभिभूत हो गया। उसके पितामह के समय से जो मवेशीघर है, उसे वह अपना ही समझता आ रहा है। वह दूसरे का है, इतनी बड़ी मिथ्या उक्ति का वह कोई प्रतिवाद तक नहीं कर सका; चुपचाप घर लौट आया।

उसकी स्त्री ने सब वृत्तांत सुनकर कहा, 'परंतु राजा की अदालत तो खुली हुई है।'

विपिन चुप रह गया। वह कितना भी भला आदमी हो, इस बात को जानता था कि अंग्रेज राजा की अदालत के घर के बड़े दरवाजे जितने खुले हुए हैं, दरिद्र के प्रवेश करने का मार्ग उतना खुला हुआ नहीं है। हुआ भी वही।

दूसरे दिन बड़े बाबू के लोगों ने आकर प्राचीन एवं जीर्ण गौशाला को तोड़कर लंबी दीवार खड़ी कर दी। विपिन थाने में जाकर खबर दे आया, परंतु यही आश्चर्य रहा कि शिवचरन की पुरानी ईंटों की नई दीवार जब तक संपूर्ण न हो गई, तब तक एक भी रंगीन पगड़ी उसके समीप नहीं आई। विपिन की स्त्री ने हाथ की चूड़ी बेचकर अदालत में नालिश की; परंतु उसका गहना चला गया और कुछ नहीं हुआ।

विपिन की रिश्ते में बुआ लगनेवाली एक शुभाकांक्षिणी ने इस विपत्ति में विपिन की स्त्री को हरिलक्ष्मी के समीप जाने की सलाह दी; परंतु उसने शायद यह उत्तर दे दिया, 'बाघ के समीप हाथ जोड़कर खड़े होने से क्या लाभ होगा बुआ? प्राण तो जाने हैं, सो तो जाएँगे ही, केवल ऊपर से अपमान और मिल जाएगा।'

विपिन की रिश्ते में बुआ लगनेवाली एक शुभाकांक्षिणी ने इस विपत्ति में विपिन की स्त्री को हरिलक्ष्मी के समीप जाने की सलाह दी; परंतु उसने शायद यह उत्तर दे दिया, 'बाघ के समीप हाथ जोड़कर खड़े होने से क्या लाभ होगा बुआ? प्राण तो जाने हैं, सो तो जाएँगे ही, केवल ऊपर से अपमान और मिल जाएगा।'

यह बात हरिलक्ष्मी के कान में आ पहुँची। वह चुप रह गई, एक उत्तर तक देने की चेष्टा नहीं की।

पश्चिम से लौटने के समय से ही, उसका शरीर किसी भी दिन पूर्णरूपेण स्वस्थ नहीं रहा था। इस घटना के महीनेभर के भीतर ही, वह फिर से बुखार में गिर पड़ी। कुछ समय तक गाँव का इलाज चला, तब डॉक्टर की सलाह के अनुसार दुबारा उसे परदेश-यात्रा के लिए तैयार होना पड़ा।

अनेक प्रकार के काम-काज के झंझटों से, इस बार शिवचरन साथ नहीं जा सका, घर में ही रह गया। जाते समय वह स्वामी से एक बात कहने के लिए मन-ही-मन फड़फड़ाने लगी; परंतु मुँह खोलकर किसी प्रकार भी वह इस व्यक्ति के सम्मुख उस बात को कह नहीं सकी। उसके मन को केवल यही लगने लगा, यह अनुरोध व्यर्थ होगा, इसका अर्थ ये नहीं समझेंगे।

चार

हरिलक्ष्मी के रोगग्रस्त शरीर को पूर्णरूपेण स्वस्थ होने में इस बार कुछ अधिक समय लग गया। प्राय: एक वर्ष के बाद वह बेलपुर लौटकर आई। वह केवल जमींदार की पत्नी ही नहीं, इतने बड़े परिवार की गृहिणी भी है, मुहल्ले की स्त्रियाँ झुंड बाँधकर उसे देखने आईं। जो रिश्ते में बड़ी थीं, उन्होंने आशीर्वाद दिया; जो छोटी थीं उन्होंने प्रणाम कर चरणरज ली। आई नहीं केवल विपिन की स्त्री। वह आएगी नहीं, हरिलक्ष्मी इसे जानती थी। इस एक वर्ष के बीच, वे लोग कैसे हैं, जो सब फौजदारी और दीवानी के मुकदमे उनके विरुद्ध चल रहे थे, उनका नतीजा क्या हुआ, वह सब कोई भी समाचार उसने किसी से भी जानने का प्रयत्न नहीं किया। शिवचरन कभी घर पर और कभी पश्चिम में स्त्री के पास जाकर रह आया करता था, परंतु किसी भी दिन पति से भी इस संबंध में उसने कोई प्रश्न नहीं किया। पूछते हुए उसे जैसे भय लगता। मन को लगता, इतने दिनों में कुछ तो निबटारा हो ही गया होगा; शायद इनके क्रोध की प्रमुखता भी अब वैसी नहीं होगी। पूछे जाने पर पहले का घाव फिर ताजा न हो जाए, इस आशंका से वह ऐसा भाव धारण किए रहती कि जैसे वे सारी तुच्छ बातें हैं और उसे याद ही नहीं रही। उधर शिवचरन भी अपनी ओर से कभी विपिन के संबंध में चर्चा नहीं छेड़ता था। उसे स्त्री के अपमान की बात भूली नहीं है, अपितु उसकी अनुपस्थिति में यथा-उचित व्यवस्था भी कर रखी है, इस बात को वह हरिलक्ष्मी से छिपाए ही रखता। उसकी अभिलाषा थी; लक्ष्मी घर लौटकर; अपनी आँखों से ही सबकुछ देखकर आनंदित, आश्चर्य से अभिभूत हो उठेगी।

शिवचरन कभी घर पर और कभी पश्चिम में स्त्री के पास जाकर रह आया करता था, परंतु किसी भी दिन पति से भी इस संबंध में उसने कोई प्रश्न नहीं किया। पूछते हुए उसे जैसे भय लगता। मन को लगता, इतने दिनों में कुछ तो निबटारा हो ही गया होगा; शायद इनके क्रोध की प्रमुखता भी अब वैसी नहीं होगी।

अधिक दिन चढ़ने से पहले ही, बुआ की बारंबार स्नेहपूर्ण ताड़ना से लक्ष्मी स्नान करके आई तो उन्होंने उत्कंठा प्रकट करते हुए कहा, 'तुम्हारा शरीर अस्वस्थ है। नीचे जाने का कोई काम नहीं है, यहीं थाली परोसकर मँगाए देती हूँ।'

लक्ष्मी ने आपत्ति प्रकट कर मुसकराते हुए कहा, 'शरीर पहले ही की भाँति स्वस्थ हो गया है बुआजी! मैं रसोईघर जाकर ही खा आऊँगी, ऊपर ढोकर लाने की आवश्यकता नहीं है। चलो, नीचे ही चल रही हूँ।'

बुआ ने बाधा दी, 'शिवू की मनाही है, यह जान लो और उसी की आज्ञा से, नौकरानी कमरे के भीतर आसन बिछाकर सफाई कर गई है।'

लक्ष्मी स्तब्ध होकर बैठी रही, मन-ही-मन समझ गई; उसे चमत्कृत करने के लिए ही इतना बड़ा षड्यंत्र गुप्त रूप से रचा गया है। कुछ देर में अपने को सँभालकर, जिज्ञासु दृष्टि से बुआ के मुँह की ओर देखने लगी।

दूसरे ही क्षण रसोईदारिन भोजन आदि ढोकर ले आई। उसके चले जाने पर लक्ष्मी ने आसन पर बैठकर पूछा, 'रसोईदारिन कौन है बुआजी? पहले तो देखा नहीं।'

बुआ हँसती हुई बोली, 'पहचान नहीं सकी बहू? वह हमारे विपिन की बहू है!'

लक्ष्मी स्तब्ध होकर बैठी रही, मन-ही-मन समझ गई; उसे चमत्कृत करने के लिए ही इतना बड़ा षड्यंत्र गुप्त रूप से रचा गया है। कुछ देर में अपने को सँभालकर, जिज्ञासु दृष्टि से बुआ के मुँह की ओर देखने लगी।

बुआ बोली, 'विपिन मर गया है, सुना तो होगा?'

लक्ष्मी ने कुछ नहीं सुना था; किंतु अभी जो उसे भोजन परोस गई है, वह विधवा है, यह तो देखते ही ज्ञात हो जाता है। गरदन हिलाकर कहा, 'हाँ।'

बुआ ने शेष घटना बताते हुए कहा, 'जो खाक-धूलि थी, उस सबको मामले-मुकदमे में गँवाकर विपिन मर गया। बाकी रुपया चुकाने में मकान भी चला जाता। मैंने परामर्श दिया, 'मझली बहू, साल-दो साल शरीर से

मेहनत करके चुका दो तो तेरे लड़के के लिए माथा टेकने की जगह तो कम से कम बच जाएगी।'

लक्ष्मी विवर्ण मुख से, उसी प्रकार अपलक नेत्रों से चुपचाप देखती रही। बुआ अचानक कंठ-स्वर को धीमा करती हुई बोली, 'फिर भी मैंने एक बार उसे अलग ले जाकर कहा था, मझली बहू, जो होना था सो हुआ; अब भी उधार-उधूर लेकर, जैसे हो सके, एक बार काशी जाकर बहू के पाँव छू ले। लड़के को पाँवों पर डालकर कहना, 'दीदी, इसका तो कोई दोष नहीं है, इसे बचाओ!'

फिर भी मैंने एक बार उसे अलग ले जाकर कहा था, मझली बहू, जो होना था सो हुआ; अब भी उधार-उधूर लेकर, जैसे हो सके, एक बार काशी जाकर बहू के पाँव छू ले। लड़के को पाँवों पर डालकर कहना, 'दीदी, इसका तो कोई दोष नहीं है, इसे बचाओ!

बात कहते-कहते बुआ की आँखें आँसुओं से भर आईं। आँचल से पोंछती हुई बोलीं, 'परंतु वह सिर नीचा किए, मुँह सिए चुपचाप बैठी रही, हाँ-ना का एक जवाब तक नहीं दिया।'

हरिलक्ष्मी समझ गई···उस संपूर्ण अपराध का बोध उसी के माथे पर आ पड़ा है। उसके मुँह का सारा अन्न-व्यंजन तीखे विष जैसा हो उठा एवं एक ग्रास भी न निगला जा सका। बुआ किसी काम से क्षणभर के लिए कमरे से बाहर गईं; उन्होंने लौटकर देखा···तो खाने की अवस्था देखकर चंचल हो उठी। पुकार दी, 'विपिन की बहू! विपिन की बहू!'

विपिन की बहू के द्वार पर आकर खड़े होते ही वे चिल्ला पड़ीं। उनकी क्षण भर पहले की करुणा और आँखों में आँसू न जाने कहाँ बिला गए। तीक्ष्ण स्वर में कह उठी···' इस तरह लापरवाही से काम करने पर नहीं चलेगा, विपिन की बहू! बहू एक दाना भी मुँह में नहीं डाल सकी, ऐसा ही खाना बनता है?'

घर के बाहर से, इस तिरस्कार का कोई उत्तर नहीं आया; परंतु उसके अपमान के भार की लज्जा और वेदना से घर के भीतर हरिलक्ष्मी का माथा

झुक गया। बुआजी ने फिर कहा, 'नौकरी करने आई हो तो इस तरह चीज-बस्त बिगाड़ने से नहीं चलेगा बेटी! और भी नौकर-चाकर जिस तरह काम करते हैं, तुम्हें भी उसी तरह करना होगा, यह कहे देती हूँ।'

विपिन की स्त्री इस बार धीरे-धीरे बोली, 'प्राणपण से वही प्रयत्न करती हूँ बुआजी! आज न जाने क्या हो गया!' यह कहकर वह नीचे चली गई। लक्ष्मी के उठकर खड़े होने भर से बुआजी हाय-हाय कर उठीं। लक्ष्मी ने कोमल कंठ से कहा, 'क्यों दुःख करती हो बुआजी! मेरा शरीर ठीक नहीं है, इसलिए नहीं खा सकी, मझली बहू की रसोई में कमी नहीं है।'

विपिन की बहू के द्वार पर आकर खड़े होते ही वे चिल्ला पड़ीं। उनकी क्षण भर पहले की करुणा और आँखों में आँसू न जाने कहाँ बिला गए। तीक्ष्ण स्वर में कह उठी'' 'इस तरह लापरवाही से काम करने पर नहीं चलेगा, विपिन की बहू! बहू एक दाना भी मुँह में नहीं डाल सकी, ऐसा ही खाना बनता है?'

हाथ-मुँह धो आकर, अपने निर्जन घर में हरिलक्ष्मी की जैसे साँस बंद होने लगी। सब तरह के अपमान सहकर भी शायद विपिन की स्त्री का इस घर में नौकरी करना चल सकता है, परंतु आज के बाद गृहिणीपन का व्यर्थ श्रम करके उसके स्वयं के दिन किस प्रकार बीतेंगे? मझली बहू को एक सांत्वना तो बाकी है, उसकी बिना दोष के दुःख सहने की सांत्वना; परंतु उसके अपने लिए कहाँ क्या शेष रह गया है?

रात को पति के साथ क्या बात करे, हरिलक्ष्मी भलीभाँति सोचकर भी नहीं समझ सकी। आज उसके मुँह की एक बात से विपिन की स्त्री के सभी दुःख दूर हो सकते हैं; परंतु असहाय स्त्री से जो मनुष्य इतना बड़ा बदला ले सकता है, जिसके पौरुष को यह बात खटकती तक नहीं, उससे भिक्षा माँगने की हीनता स्वीकार करने को लक्ष्मी की इच्छा नहीं हुई।

शिवचरन ने तनिक हँसते हुए पूछा, 'मझली बहू से साक्षात्कार हुआ? कहो, कैसा खाना बनाती है?'

हरिलक्ष्मी जवाब नहीं दे सकी; उसने सोचा; यही व्यक्ति उसका पति है, एवं संपूर्ण जीवन इसी घर में रहना पड़ेगा। यह सोचकर उसका मन कहने लगा पृथ्वी, फट जाओ!

दूसरे दिन सवेरे ही लक्ष्मी ने दासी को भेजकर बुआजी को कहलवा भेजा, उसे बुखार आ गया है, वह कुछ भी नहीं खाएँगी। बुआजी ने कमरे में आकर, जिरह करते-करते लक्ष्मी की नाक में दम कर दिया। उसके मुँह एवं कंठस्वर से उन्हें न जाने कैसे यह संदेह हो गया कि लक्ष्मी कुछ छिपाने की चेष्टा कर रही है। बोली, 'परंतु तुम्हें तो सचमुच बुखार नहीं है बहू?'

लक्ष्मी ने सिर हिलाकर जोर से कहा, 'मुझे बुखार है, मैं कुछ नहीं खाऊँगी।'

डॉक्टर के आने पर, उसे दरवाजे के बाहर से ही विदा करते हुए लक्ष्मी ने कहा, 'आप तो जानते ही हैं, आपकी औषधि से मुझे कुछ नहीं होता, आप जाइए।'

शिवचरन ने आकर बहुत कुछ पूछा, परंतु किसी भी बात का उत्तर नहीं पाया।

रात को पति के साथ क्या बात करे, हरिलक्ष्मी भलीभाँति सोचकर भी नहीं समझ सकी। आज उसके मुँह की एक बात से विपिन की स्त्री के सभी दुःख दूर हो सकते हैं; परंतु असहाय स्त्री से जो मनुष्य इतना बड़ा बदला ले सकता है, जिसके पौरुष को यह बात खटकती तक नहीं, उससे भिक्षा माँगने की हीनता स्वीकार करने को लक्ष्मी की इच्छा नहीं हुई।

और भी दो-तीन दिन जब इसी प्रकार बीत गए, तब घर के सभी लोग जैसे किसी अज्ञात आशंका से उद्विग्न हो उठे।

उस दिन तीसरे पहर का समय था, लक्ष्मी स्नानघर से निकलकर निःशब्द कोमल पाँवों से एक किनारे चलती हुई ऊपर जा रही थी। बुआजी रसोईघर के बरामदे से देखते ही चीत्कार कर उठीं, 'देख बहू, विपिन की बहू का काम, अंत में चोरी शुरू कर दी।'

हरिलक्ष्मी पास जाकर खड़ी हो गई। मझली बहू मेज के ऊपर, नि:शब्द, नीचा मुँह किए बैठी थी। एक बरतन में भोजन को गमछे से ढाँककर सामने रखे हुए, बुआजी दिखाती हुई बोलीं, 'तुम्हीं कहो बहूरानी—इतने भात-तरकारी को एक आदमी खा सकता है? घर लिए जा रही है लड़के के लिए, जबकि बारंबार मना कर दिया गया है। शिवचरन के कान में बात जाने से, फिर रक्षा नहीं हो सकेगी, गरदन पकड़कर दुरदुराते हुए निकाल देगा। बहूरानी, तुम मालकिन हो, तुम्हीं इसका विचार करो।' यह कहकर बुआजी जैसे एक कर्तव्य को समाप्त कर दम लेती हुई ठहर गईं।

उनकी चीत्कार के शब्द से घर के नौकर, दासी आदि लोग जो जहाँ थे, तमाशा देखने दौड़ते हुए आ खड़े हुए और उन्हीं के बीच चुपचाप बैठी रही उस घर की मझली बहू और उसकी मालकिन, इस घर की गृहिणी।

इतनी छोटी, इतनी तुच्छ वस्तु को लेकर इतना भीषण कांड उठ खड़ा होगा, लक्ष्मी को इसका स्वप्न में भी खयाल न था। अभियोग का फैसला क्या करे, अपमान, अभिमान, लज्जा से मुँह भी नहीं उठा सकी। लज्जा दूसरे के लिए नहीं, वह अपने ही लिए थी। उसकी आँखों से पानी बरसने लगा। उसे लगा, इतने लोगों के सामने वही जैसे पकड़ी गई है एवं विपिन की स्त्री ही उसका फैसला करने के लिए बैठी है।

दो-तीन मिनट इसी प्रकार रुककर सहसा बड़ी चेष्टा से लक्ष्मी ने स्वयं को सँभालते हुए कहा, 'बुआजी, तुम सभी एकदम इस कमरे से बाहर निकल जाओ।'

उसके इशारे पर सब चले गए। तब लक्ष्मी धीरे-धीरे मझली बहू के पास जाकर बैठ गई। अपने हाथ से उसके मुँह को उठाकर देखा, उसकी भी दोनों आँखों से जल बह रहा था। कहा, 'मझली बहू, मैं तुम्हारी दीदी हूँ!' यह कहकर उसने अपने आँचल से उसके आँसू पोंछ दिए।

□

पारस

मजूमदारों का वंश, बड़ा नामी वंश है, गाँव में उसकी बहुत बड़ी प्रतिष्ठा है। बड़े भाई गुरुचरण इस वंश के कर्ता-धर्ता हैं। केवल वंश का ही क्यों, यदि संपूर्ण गाँव का कर्ता-धर्ता कहा जाए, तो भी कोई अत्युक्ति नहीं होगी। बड़े आदमी तो और भी थे, परंतु इतनी अधिक श्रद्धा-भक्ति का पात्र, श्रीकुंजपुर में अन्य कोई नहीं था। उन्होंने अपने जीवन में नौकरी नहीं की। यदि गाँव छोड़कर अन्यत्र जाने के लिए तैयार हो जाते, तो उनके लिए यह दुष्प्राप्य भी नहीं थी। यौवन के प्रारंभ में, वे जो एक बार समीपवर्ती जिला-स्कूल की मास्टरी के कार्य में पड़े, तो किसी भी लोभ के वशीभूत होकर, उस विद्यालय की ममता त्यागकर अन्यत्र जाने के लिए तैयार नहीं हुए। यहाँ उनका वेतन तीस रुपए से बढ़ते-बढ़ते पचास रुपए तक हो गया था और अब उसके आधे; पच्चीस रुपए की पेंशन पा रहे हैं। तीन वर्ष हुए, उन्होंने अवकाश ग्रहण कर लिया है। संसार में अभी तक उनके लिए, रुपयों की कमी सबसे बड़ी वस्तु सिद्ध नहीं हुई। यदि ऐसा न होता तो झगड़ा मिटाने, मामलों का फैसला करने, दलबंदी की गुत्थियों को सुलझाने में उनका आदेश ही श्रीकुंजपुर में सर्वमान्य नहीं हो पाता। उनकी असीम धर्म-निष्ठा, चारित्रिक दृढता एवं अविचलित साधुता के समक्ष सब लोग सम्मानपूर्वक मस्तक झुकाते हैं। उम्र लगभग साठ की होगी। यदि कोई व्यक्ति चरित्र, साधुता अथवा धार्मिकता का अधिक प्रदर्शन करता, तो आस-पास के दस-बीस गाँव के लोग यह कहकर उसका उपहास करते—ओफ ओ, तुम तो एकदम गुरुचरण जैसे मालूम होते हो!

गुरुचरण की स्त्री नहीं थी, केवल एक लड़का था विमल। संसार में संभवतः अद्भुत कहलाने योग्य कुछ है ही नहीं अन्यथा इतने बड़े सर्वगुण संपन्न पिता का ऐसा सर्वदोष संपन्न पुत्र कैसे हुआ, कुछ समझ में नहीं आता।

पुत्र के साथ पिता का सांसारिक बंधन नहीं के बराबर था; उनका संपूर्ण बंधन जा पड़ा था उनके भतीजे पारस पर। हरिचरण का बड़ा लड़का पारस ही जैसे उनका अपना लड़का था। पारस एम.ए. पास करने के बाद कानून पढ़ रहा है। उसे वर्णमाला की पहली पुस्तक से लेकर आज तक, सबकुछ वे ही पढ़ाते चले आ रहे हैं। उनका यह दुःख कि विमल ने कुछ नहीं सीखा, पारस के कारण दूर हो गया है।

दो

छोटा भाई हरिचरण इतने दिनों तक परदेश में साधारण सी नौकरी कर रहा था। अकस्मात् लड़ाई के बाद न जाने वह कैसे बड़ा आदमी बन गया तथा नौकरी छोड़कर घर चला आया। वह लोगों को ऊँचे ब्याज पर रुपए उधार देने लगा, अपनी स्त्री के नाम से एक बगीचा खरीद बैठा और ऐसे ही न जाने और क्या-क्या काम करने लगा, जिसके कारण उसके रुपए की गंध को पाँच-सात गाँव के लोगों की नाक तक पहुँचते देर न लगी।

एक दिन हरिचरण ने आकर नम्रतापूर्वक कहा, 'भैया, मैं बहुत दिनों से आपसे एक बात कहने की सोच रहा हूँ...'

गुरुचरण ने कहा, 'अच्छी बात है, कहो!'

हरिचरण बगलें झाँकते हुए बोला, 'आप अकेले, अब और कितना कर सकेंगे? आपकी उम्र भी बहुत हो रही है...'

गुरुचरण ने कहा, 'सो तो है ही! साठवाँ वर्ष चल रहा है।'

हरिचरण बोला, 'इसी से कह रहा था, मैं तो अब घर पर ही रहूँगा, जमीन-जायदाद सब बिना सिलसिले के पड़ी है, थोड़ा निशान लगा-लगूकर मैं ही यदि...।'

गुरुचरण ने थोड़ी देर तक अपने छोटे भाई के चेहरे की ओर देखते हुए

कहा, 'जमीन-जायदाद तो अपनी मामूली ही है और बिना सिलसिले के भी नहीं पड़ी है, परंतु क्या तुम अलग होने की बात कह रहे हो?'

हरिचरण ने लज्जा के मारे दाँतों-तले जीभ दबाते हुए कहा, 'जी नहीं; जैसा है, जैसा चल रहा है, वैसा ही रहेगा; केवल जो कुछ अपने पास है, उसमें जरा निशान लगा लेना है और रसोई-वसोई भी बड़े झंझट की चीज है, सबकुछ इकट्‍ठा ही रहेगा, पर दाल और भात अलग-अलग कर लिया जाए, आप समझे नहीं…'

गुरुचरण ने कहा, 'समझा क्यों नहीं, समझता तो हूँ ही। अच्छी बात है, कल से ऐसा ही होगा।'

हरिचरण ने जिज्ञासा की, 'निशान आप कैसे लगाएँगे, कुछ निश्चित किया है?'

हरिचरण ने आश्चर्य में भरकर कहा, 'तीन हिस्से कैसे? मझली बहू तो विधवा है, बाल-बच्चा भी कोई नहीं है, फिर उनका हिस्सा कैसा? दो हिस्से ही होंगे।' गुरुचरण ने सिर हिलाते हुए कहा, 'नहीं, तीन हिस्से होंगे। मझली बहू मेरे श्यामचरण की विधवा है। जब तक वह जीवित रहेगी, तब तक अपना हिस्सा तो पाएगी ही।'

गुरुचरण ने कहा, 'अब तक निश्चित करने की कोई आवश्यकता नहीं पड़ी थीं; यदि आज आ पड़ी है, तो तीनों भाइयों के तीन हिस्से बराबर-बराबर बाँट देने से ही काम चल जाएगा।'

हरिचरण ने आश्चर्य में भरकर कहा, 'तीन हिस्से कैसे? मझली बहू तो विधवा है, बाल-बच्चा भी कोई नहीं है, फिर उनका हिस्सा कैसा? दो हिस्से ही होंगे।'

गुरुचरण ने सिर हिलाते हुए कहा, 'नहीं, तीन हिस्से होंगे। मझली बहू मेरे श्यामचरण की विधवा है। जब तक वह जीवित रहेगी, तब तक अपना हिस्सा तो पाएगी ही।'

हरिचरण रुष्ट हो गया, बोला, 'कानून से तो नहीं पा सकती, केवल खाने-पहनने भर को ले सकती है।'

गुरुचरण ने कहा, 'यों तो ले सकती है, क्योंकि बहू जो ठहरी।'

हरिचरण ने कहा, 'मान लीजिए, कल को यदि वह कुछ बेच देना अथवा गिरवी रख देना चाहे तो?'

गुरुचरण ने कहा, 'कानून से यदि ऐसा हक प्राप्त होगा, तभी करेगी।'

हरिचरण का चेहरा स्याह पड़ गया, बोला, 'हूँ, करेगी क्यों नहीं।'

दूसरे दिन हरिचरण हाथ में रस्सी और फीता लिये हुए, नाप-जोख करता हुआ घूमने लगा। गुरुचरण ने न तो कुछ पूछा ही और न बाधा ही डाली। दो-तीन दिन पश्चात् ईंट, काठ, बालू, चूना और सुर्खी भी आ पहुँची। घर की पुरानी महरी ने आकर समाचार दिया, 'कल से राज-मजदूर काम लगाएँगे, छोटे बाबू की दीवाल खड़ी होगी।'

गुरुचरण ने हँसते हुए कहा, 'सो तो देख ही रहा हूँ, कहने की क्या बात है?'

पाँच-छह दिन बाद एक दिन, शाम को दरवाजे के बाहर पाँवों की आहट सुनकर गुरुचरण ने मुँह उठाते हुए पूछा, 'पंचू की माँ, क्या बात है?'

पंचू की माँ बहुत पुरानी महरी है। उसने संकोच सा दिखाते हुए कहा, 'मझली बहू खड़ी हैं बड़े बाबू।'

बड़ी बहू के मरने के बाद से, विधवा भ्रातृ-वधू ही इस गृहस्थी की स्वामिनी है। वे ओट में खड़ी होकर जेठ से वार्त्तालाप करती हैं। उन्होंने कोमल कंठ से कहा, 'ससुराल के घर में क्या मेरा कुछ अधिकार नहीं है, जो छोटी बहू मुझे दिन-रात गालियाँ दिया करती है?'

बड़ी बहू के मरने के बाद से, विधवा भ्रातृ-वधू ही इस गृहस्थी की स्वामिनी है। वे ओट में खड़ी होकर जेठ से वार्त्तालाप करती हैं। उन्होंने कोमल कंठ से कहा, 'ससुराल के घर में क्या मेरा कुछ अधिकार नहीं है, जो छोटी बहू मुझे दिन-रात गालियाँ दिया करती है?'

गुरुचरण ने कहा, 'है क्यों नहीं बहू! जैसा उसका है, ठीक वैसा ही तुम्हारा भी अधिकार है।'

पंचू की माँ ने कहा, 'परंतु इस तरह तो घर में टिकना भी कठिन है।'

गुरुचरण सब सुन रहे थे, क्षण भी चुप रहकर बोले, 'पारस को आने के लिए पत्र लिख दिया है, पंचू की माँ! उसके आते ही सब ठीक हो जाएगा, तब तक तुम लोग भी थोड़ा सहन करती रहो।'

मझली बहू ने बाधा देते हुए कहा, 'परंतु पारस क्या…'

गुरुचरण टोकते हुए बोले, 'परंतु कुछ नहीं मझली बहू, मेरे पारस के संबंध में 'परंतु' नहीं चल सकता। हरी उसका पिता अवश्य है, परंतु वह लड़का मेरा ही है। संपूर्ण संसार एक ओर हो जाए, तो भी वह मेरा ही रहेगा। उसके ताऊजी कभी अन्याय नहीं करते, यह बात यदि वह न समझे तो समझो इतने दिनों तक मैंने व्यर्थ ही पराए लड़के को छाती से लगाकर आदमी बनाया।'

दासी ने कहा, 'इस संबंध में भी क्या कहना है। उस वर्ष चेचक निकली थी, तब आपके अतिरिक्त उसे यमराज के मुँह से और कौन छीन सकता था, बड़े बाबू? तब कहाँ तो छोटे बाबू थे और कहाँ उसकी सौतेली माँ! भय के मारे कोई उसके पास तक नहीं जाता था। तब अकेले ताऊजी ही थे, क्या रात और क्या दिन।'

गुरुचरण संकोच में पड़ गए, बोले, 'रहने दो बेटी, ये सब बातें।' उसके चले जाने पर वृद्ध गुरुचरण की आँखों के सामने विमल और पारस दोनों पास-पास खड़े हो गए। खिड़की के बाहर अंधकारपूर्ण आकाश की ओर देखते हुए उनके मुँह से एक दीर्घ निश्श्वास निकल पड़ा। इसके बाद से बाँस की मोटी लाठी उठाकर, सरकारों की बैठक में शतरंज खेलने चले गए।

मझली बहू बोली, 'पारस की माँ जीवित रहती, तो संभवतः उससे भी इतना करते न बनता।'

गुरुचरण संकोच में पड़ गए, बोले, 'रहने दो बेटी, ये सब बातें।'

उसके चले जाने पर वृद्ध गुरुचरण की आँखों के सामने विमल और पारस

दोनों पास-पास खड़े हो गए। खिड़की के बाहर अंधकारपूर्ण आकाश की ओर देखते हुए उनके मुँह से एक दीर्घ निश्श्वास निकल पड़ा। इसके बाद से बाँस की मोटी लाठी उठाकर, सरकारों की बैठक में शतरंज खेलने चले गए।

दूसरे दिन दोपहर को गुरुचरण खाना खाने बैठे थे। मकान के उत्तर की ओर, बरामदे का कुछ भाग घेरकर हरिचरण की रसोई का काम चल रहा था। वहाँ से तीक्ष्ण नारी-कंठ से ऐसी-ऐसी कड़वी बातें निकलकर आ रही थीं कि जिनका कोई हिसाब ही नहीं। उनके भोजन में बहुत विघ्न हो रहा था, परंतु उनमें जब अचानक पुरुष का भारी कंठ स्वर भी आ मिला, तब क्षणभर के लिए उनके कान खड़े हो गए और उसे सुनकर वे अचानक ही उठ खड़े हुए।

मझली बहू ओट में ये हाय-हाय कर उठीं एवं पंचू की माँ ने क्रोध और क्षोभ के मारे चीत्कार करते हुए इस दुर्घटना को प्रकट कर दिया।

आँगन में खड़े होकर गुरुचरण ने भाई को पुकारते हुए कहा, 'हरिचरण, स्त्रियों की बात पर मैं ध्यान नहीं देता, परंतु तुम पुरुष होकर भी यदि बड़ी विधवा भौजाई का इस प्रकार अपमान करोगे, तो फिर उसका इस घर में रहना हो नहीं सकता।'

इस बात का किसी ने उत्तर नहीं दिया, परंतु बाहर जाने के मार्ग में उन्हें छोटी बहू का परिचित, तीक्ष्ण कंठस्वर फिर सुनाई दिया। वह उपहास करती हुई कह रही थी, 'इस प्रकार अपमान मत किया करो, कहे देती हूँ! अन्यथा मझली बहू घर में नहीं रहेंगी, तब क्या होगा?'

हरिचरण उत्तर दे रहा था, 'दुनिया रसातल में डूब जाएगी और क्या होगा! कौन रहने के लिए मस्तक की शपथ दिला रहा है? चली जाए तो जान बचे।' गुरुचरण ठिठककर खड़े हो गए एवं उन लोगों की बातचीत समाप्त हो जाने पर चुपचाप बाहर चले गए।

तीन

हेडमास्टर महोदय की कन्या के विवाह में सम्मिलित होने के लिए गुरुचरण कृष्णानगर जा रहे थे। इतने में ही अकस्मात् हुआ, पारस

घर आ गया है और आते ही बुखार में पड़ गया है। वे घबराए हुए पारस के कमरे में घुस रहे थे कि सामने ही छोटे भाई को देखकर पूछ बैठे, 'पारस को ज्वर आ गया है क्या?'

हरिचरण 'हूँ' कहकर चला गया। छोटी बहू के मायके की नौकरानी ने रास्ता रोकते हुए कहा, 'आप भीतर मत जाइए।'

'न जाऊँ! क्यों?'

'भीतर दीदी बैठी हैं।'

'उन्हें थोड़ा हट जाने के लिए कह दे न।'

नौकरानी ने कहा, 'हटकर कहाँ जाएँगी, लड़के के सिर पर हाथ फेर रही हैं।' कहकर वह अपने काम से चली गई।'

गुरुचरण स्वप्नाछन्न की भाँति खड़े रहे, फिर पारस को पुकारते हुए बोले, 'कैयी तबीयत है बेटा?'

भीतर से इस व्याकुल प्रश्न का कोई उत्तर नहीं आया, परंतु नौकरानी ने कहीं से उत्तर दिया, 'भैयाजी को बुखार है, सुन तो लिया है।'

हरिचरण 'हूँ' कहकर चला गया। छोटी बहू के मायके की नौकरानी ने रास्ता रोकते हुए कहा, 'आप भीतर मत जाइए।'

'न जाऊँ! क्यों?'

'भीतर दीदी बैठी हैं।'

'उन्हें थोड़ा हट जाने के लिए कह दे न।'

नौकरानी ने कहा, 'हटकर कहाँ जाएँगी, लड़के के सिर पर हाथ फेर रही हैं।' कहकर वह अपने काम से चली गई।'

गुरुचरण स्तब्ध होकर दो-तीन मिनट तक वहीं खड़े रहे। फिर धीरे से बाहर चले आए और किसी से कोई बात किए बिना, सीधे रेलवे स्टेशन की ओर रवाना हो गए।

वहाँ ब्याह की धूमधाम में किसी ने कुछ ध्यान नहीं दिया; परंतु काम-काज से निकट जाने पर, उनके बहुत पुराने मित्र हेडमास्टर महोदय ने एकांत में ले जाकर उनसे पूछा, 'क्या बात है गुरुचरण? सुना है कि हरिचरण तुम्हारे बहुत पीछे पड़ा है।'

गुरुचरण ने अन्यमनस्क की भाँति कहा, 'हरिचरण ? नहीं तो।'

'नहीं तो क्या जी ? हरिचरण की शैतानी का वृत्तांत तो सभी सुन चुके हैं।'

गुरुचरण को सहसा सभी बातें याद आ गईं; बोले, 'हाँ, हाँ, जमीन-जायदाद के संबंध में हरिचरण कुछ गड़बड़ी कर रहा है।'

उनकी बात के ढंग से हेडमास्टर खिन्न हो गए। दोनों बचपन के निष्कपट मित्र हैं, फिर भी गुरुचरण मन की बात को उदासीनता के अवरण में छिपाना चाहते हैं, यह देखकर उन्होंने फिर कोई बात नहीं पूछी।

गुरुचरण को सहसा सभी बातें याद आ गईं; बोले, 'हाँ, हाँ, जमीन-जायदाद के संबंध में हरिचरण कुछ गड़बड़ी कर रहा है।' उनकी बात के ढंग से हेडमास्टर खिन्न हो गए। दोनों बचपन के निष्कपट मित्र हैं, फिर भी गुरुचरण मन की बात को उदासीनता के अवरण में छिपाना चाहते हैं, यह देखकर उन्होंने फिर कोई बात नहीं पूछी।

गुरुचरण ने कृष्णानगर से घर लौटकर देखा कि उनकी इन कई दिनों की अनुपस्थिति में, अवसर का लाभ उठाकर हरिचरण ने आँगन में स्थान-स्थान पर गड्ढे खोदकर ऐसा हाल कर रखा है कि कहीं पाँव रखने को जगह ही नहीं है। वे समझ गए कि वह अपनी इच्छा और सुविधा के अनुसार घर का बँटवारा करके बीच में दीवार खड़ी करेगा। उसके पास रुपया है, अत: किसी और के मतामत की उसे आवश्यकता नहीं है।

वे अपने कमरे में जाकर कपड़े बदल रहे थे कि इतने में मझली बहू को साथ लिए पंचू की माँ आ खड़ी हुई। गुरुचरण समाचार पूछना चाहते थे कि वह अचानक ही अस्फुट-आर्त्त कंठ से रोने लगी और रोते हुए ही उसने बताया कि परसों सवेरे छोटे बाबू ने मझली बहू की गरदन पकड़कर धक्का देते हुए घर से बाहर निकाल दिया था और यदि मैं उपस्थित न होती, तो वे शायद उसे मार-मारकर अधमरी भी कर डालते।

घटना को पूरी तरह से समझ लेने में गुरुचरण को अधिक देर न लगी।

फिर भी वे मिट्टी के पुतले की भाँति अवाक् और निस्पंद रहकर अचानक पूछ उठे, 'क्या सचमुच ही हरिचरण ने तुम्हारे शरीर को हाथ लगाया था बहूरानी ? लगा सका वह ?'

कुछ देर बाद पूछा, 'जान पड़ता है, पारस तब शायद खाट पर पड़ा होगा।'

पंचू की माँ ने कहा, 'उन्हें तो कुछ हुआ ही नहीं बड़े बाबू, वे अभी आज ही तो सवेरे की गाड़ी से कलकत्ता चले गए हैं।'

'कुछ हुआ नहीं ? तो वह अपने पिता की करतूत जानकर गया है ?'

पंचू की माँ ने कहा, 'हाँ, सभी कुछ।'

गुरुचरण के पाँवों के नीचे से पृथ्वी निकल गई। बोले, 'बहूरानी, इतने बड़े अपराध का दंड यदि न मिले, तो इस घर में मेरा रहना पूरा हो गया समझ लो। चलो, अभी समय है, मैं गाड़ी लिये आता हूँ, तुम्हें अदालत में चलकर नालिश करनी होगी।'

पंचू की माँ ने कहा, 'हाँ, सभी कुछ।' गुरुचरण के पाँवों के नीचे से पृथ्वी निकल गई। बोले, 'बहूरानी, इतने बड़े अपराध का दंड यदि न मिले, तो इस घर में मेरा रहना पूरा हो गया समझ लो। चलो, अभी समय है, मैं गाड़ी लिये आता हूँ, तुम्हें अदालत में चलकर नालिश करनी होगी।'

अदालत में जाकर नालिश करने के नाम से मझली बहू चौंक पड़ी। गुरुचरण ने कहा, 'भले घर की बहू-बेटियों के लिए यह काम सम्मानजनक नहीं, इसे मैं जानता हूँ; परंतु इतना भारी अपमान यदि चुपचाप सह लोगी बेटी, तो भगवान् तुमसे रुष्ट हो जाएँगे, इससे अधिक बात मैं नहीं जानता।'

मझली बहू पृथ्वी से उठकर खड़ी हो गई; बोली, 'आप पिता के समान हैं। मुझे जैसी आज्ञा देंगे, मैं बिना किसी संकोच के उसका पालन करूँगी।'

हरिचरण के विरुद्ध मुकदमा दायर हुआ। गुरुचरण ने अपनी पुराने जमाने की जंजीर बेचकर बड़े वकील की मोटी फीस अदा कर दी।

निश्चित दिन को मामले की सुनवाई हुई। प्रतिवादी हरिचरण उपस्थित हुआ, परंतु वादिनी दिखाई नहीं पड़ी। वकील ने न जाने क्या कहा-सुना, हाकिम ने मुकदमा खारिज कर दिया। भीड़ में गुरुचरण की दृष्टि अचानक पारस पर जा पड़ी। उस समय वह मुँह फेरकर मंद-मंद हँस रहा था।

गुरुचरण ने घर आकर सुना; मायके से किसी की जबर्दस्त बीमारी की खबर पाकर मझली बहू बिना नहाए-धोए, यों ही गाड़ी बुलवाकर वहाँ चली गई है।

पंचू की माँ हाथ-पाँव धोने के लिए पानी देने आई, तो एकदम रोकर कहने लगी, 'रात भी झूठी, दिन भी झूठा, आप कहीं अन्यत्र चले जाएँ बड़े बाबू, इस पापी संसार में आपके रहने के लिए स्थान नहीं है।'

ढोल आए, नगाड़े आए, मँजीरे आए, मुकदमा जीत जाने की खुशी में हरिचरण के घर शुभचंडी की पूजा के ऐसे बाजे बजे कि समस्त गाँव उथल-पुथल हो उठा।

चार

दो भागों में विभक्त पैतृक मकान के एक भाग में रहा हरिचरण का परिवार और दूसरे में रहे गुरुचरण और उनकी बहुत दिनों की पुरानी दासी पंचू की माँ। दूसरे दिन सवेरे पंचू की माँ ने आकर कहा, 'रसोई का सब सामान जुटा दिया है बड़े बाबू।'

'रसोई का? ओ, हाँ, ठीक है, चलो मैं आया।' कहकर गुरुचरण उठना ही चाहते थे कि दासी ने कहा, 'कोई जल्दी नहीं है बड़े बाबू! थोड़ा दिन चढ़ आने दीजिए, तब तक आप गंगा-स्नान कर आइए।'

'अच्छी बात है, जाता हूँ।' कहकर गुरुचरण पलक मारते ही गंगा-स्नान के लिए जाने को तैयार हो उठ खड़े हुए। उनके कार्य या बातों में कहीं कोई असंगति नहीं थी। फिर भी पंचू की माँ को न जाने कैसे, बहुत बुरा सा मालूम दिया। उसे रह-रहकर यही खयाल आने लगा, जैसे ये पहलेवाले वे बड़े बाबू नहीं रहे।

पंचू की माँ भीतर जाकर चिल्ला-चिल्लाकर कहने लगी, 'कभी भला न होगा। हरगिज भला न होगा। इसका दंड भगवान् ही देंगे।'

किसका भला न होगा और किसको भगवान् दंड देंगे, ठीक समझ में नहीं आया; परंतु उस दिन छोटे बाबू की ओर से झगड़ा करने के लिए कोई तैयार नहीं हुआ।

इसी तरह दिन कटने लगे।

गुरुचरण की एकमात्र संतान विमल अच्छा लड़का नहीं है, वे इस बात को भलीभाँति जानते थे। कई महीने पहले वह कुछ घंटों के लिए एक बार घर आया था, तब से उसके दर्शन नहीं हुए। उस बार वह एक बैग में छिपाकर न जाने क्या-क्या रख गया था। उसके चले जाने पर गुरुचरण ने पारस को बुलाकर कहा था, 'देख तो बेटा, इसमें क्या है?' पारस ने अच्छी तरह देख-भालकर कहा था, 'कुछ कागजात हैं; शायद दस्तावेज होंगे। ताऊजी, इन्हें जला दूँ?'

पंचू की माँ भीतर जाकर चिल्ला-चिल्लाकर कहने लगी, 'कभी भला न होगा। हरगिज भला न होगा। इसका दंड भगवान् ही देंगे।' किसका भला न होगा और किसको भगवान् दंड देंगे, ठीक समझ में नहीं आया; परंतु उस दिन छोटे बाबू की ओर से झगड़ा करने के लिए कोई तैयार नहीं हुआ।

गुरुचरण ने कहा, 'यदि आवश्यक हुए तो?'

पारस ने कहा था, 'आवश्यक तो हैं, परंतु विमल भैया के लिए शायद अनावश्यक हैं। इस आफत को घर में रखने की आवश्यकता ही क्या है?'

गुरुचरण ने आपत्ति की थी, 'बिना जाने नष्ट नहीं करने चाहिए पारस, किसी का सत्यानाश भी हो सकता है। इन्हें तू कहीं छिपाकर रख दे बेटा, पीछे देखा जाएगा।'

इस घटना की उन्हें याद ही नहीं थी। आज प्रातःकाल गंगा-स्नान से लौटकर जब रसोई बनाने जा रहे थे, अचानक वही बैग लिए हुए पारस, हरिचरण, गाँव के और भी कई लोग तथा पुलिस आ खड़ी हुई।

अभियोग संक्षेप में इस प्रकार है कि विमल डकैती का मुलजिम है,

इस घटना की उन्हें याद ही नहीं थी। आज प्रातःकाल गंगा-स्नान से लौटकर जब रसोई बनाने जा रहे थे, अचानक वही बैग लिए हुए पारस, हरिचरण, गाँव के और भी कई लोग तथा पुलिस आ खड़ी हुई।

अभियोग संक्षेप में इस प्रकार है कि विमल डकैती का मुलजिम है, फिलहाल वह फरार है। अखबार में पढ़कर पारस ने पुलिस को सब बात जता दी है। बैग अब तक उसी के पास था। विमल खराब लड़का है, शराब पीता है, आनुषंगिक और भी दोष है उसमें।

फिलहाल वह फरार है। अखबार में पढ़कर पारस ने पुलिस को सब बात जता दी है। बैग अब तक उसी के पास था। विमल खराब लड़का है, शराब पीता है, आनुषंगिक और भी दोष है उसमें। कलकत्ते रहकर, कोई साधारण सी नौकरी करके यह सब काम किया है, परंतु वह डकैती भी डाल सकता है, ऐसा संदेह पिता के मन में कभी स्वप्न में भी नहीं हुआ। कुछ देर तक वे एकटक पारस के चेहरे की ओर देखते रहे, तदुपरांत उनकी निष्प्रभ-निर्निमेष दोनों आँखों से फर-फर आँसू टपकने लगे। बोले, 'सब सच है, पारस ने एक बात भी झूठी नहीं कही है।'

दारोगा ने और भी दो-चार बातें पूछकर उन्हें छुट्टी दे दी। जाते समय उसने अचानक झुककर गुरुचरण के पाँव छुए और कहा, 'आप उम्र में बड़े और ब्राह्मण हैं, मेरा अपराध ध्यान में मत लाइएगा। इतने भारी दुःख का काम मैंने इससे पहले कभी नहीं किया।'

और भी कई महीने बीत जाने पर समाचार मिला, विमल को सात वर्ष की सजा हो गई है।

पाँच

फिर ढोल, नगाड़े और मँजीरे बजाकर समारोहपूर्वक शुभचंडी-पूजा की तैयारियाँ होने लगीं। पारस ने कहा, 'पिताजी, यह सब रहने दें।'

'क्यों?'

पारस ने कहा, 'यह मुझसे सहा नहीं जाएगा।'

पिता ने कहा, 'अच्छी बात है! सहन न कर सको, तो आज का दिन कलकत्ते जाकर घूम-फिरकर बिता आओ। जगमाता की पूजा है, धर्म-कर्म में विघ्न मत डालो।'

कहना न होगा कि धर्म-कर्म में कोई विघ्न न पड़ा।

दसेक दिन पश्चात्, एक दिन सवेरे गुरुचरण के घर की ओर अचानक शोरगुल और चीख-पुकार सुनाई दी और कुछ देर बाद ग्वालिन रोती हुई आ खड़ी हुई। उसकी नाक से खून बह रहा था। हरिचरण ने घबराते हुए पूछा, 'खून कैसे आ गया मोक्षदा? क्या बात है?'

रोने का शब्द सुनकर घर के सभी लोग आ पहुँचे। मोक्षदा ने कहा, 'दूध में पानी मिलाया था, इसीलिए बड़े बाबू ने लात मारकर मुझे गड्ढे में गिरा दिया।'

दसेक दिन पश्चात्, एक दिन सवेरे गुरुचरण के घर की ओर अचानक शोरगुल और चीख-पुकार सुनाई दी और कुछ देर बाद ग्वालिन रोती हुई आ खड़ी हुई। उसकी नाक से खून बह रहा था। हरिचरण ने घबराते हुए पूछा, 'खून कैसे आ गया मोक्षदा? क्या बात है?'

रोने का शब्द सुनकर घर के सभी लोग आ पहुँचे। मोक्षदा ने कहा, 'दूध में पानी मिलाया था, इसीलिए बड़े बाबू ने लात मारकर मुझे गड्ढे में गिरा दिया।'

हरिचरण ने कहा, 'किसने, किसने हट...'

पारस ने कहा, 'ताऊजी ने? झूठ बोलती है!'

छोटी बहू ने कहा, 'जेठजी औरतों के शरीर से हाथ लगाएँगे! तू क्या सपना देख रही है दूधवाली?'

उसने शरीर पर लगे कीचड़-मिट्टी को दिखाते हुए, देवी-देवताओं की शपथ खाकर कहा कि बात सच्ची है।

'इंजंक्शन आर्डर' की कृपा से दीवार का उठना तो बंद हो गया था, परंतु आँगन के गड्ढे सब ज्यों-के-त्यों बने हुए थे, भरे नहीं थे। गुरुचरण के लात मारने से, उन्हीं में से एक में जा गिरने पर उसे चोट आ गई।

हरिचरण ने कहा, 'चल मेरे साथ, नालिश कर दें।'

स्त्री ने कहा, 'कैसी असंभव बात कहते हो तुम! जेठजी स्त्रियों के शरीर पर हाथ लगाएँगे? झूठी बात है।'

हरिचरण ने कहा, 'झूठी होगी तो हार जाएगी, परंतु भैया के मुँह से तो झूठ नहीं निकल सकता। मारा होगा तो उन्हें सजा हो जाएगी।'

हुआ भी यही। भैया के मुँह से झूठ नहीं निकला। अदालत के न्याय से उनके ऊपर दस रुपया जुर्माना हो गया।

इस बार शुभचंडी की पूजा तो नहीं हुई; परंतु दूसरे दिन देखा गया कि कुछ लड़के झुंड बाँधकर, गुरुचरण के पीछे-पीछे शोर-गुल मचाते एवं बकते हुए चले जा रहे हैं। ग्वालिन को मारने का गीत भी इतने ही में बन गया है।

हुआ भी यही। भैया के मुँह से झूठ नहीं निकला। अदालत के न्याय से उनके ऊपर दस रुपया जुर्माना हो गया। इस बार शुभचंडी की पूजा तो नहीं हुई; परंतु दूसरे दिन देखा गया कि कुछ लड़के झुंड बाँधकर, गुरुचरण के पीछे-पीछे शोर-गुल मचाते एवं बकते हुए चले जा रहे हैं। ग्वालिन को मारने का गीत भी इतने ही में बन गया है।

रात के आठ बजे होंगे। हरिचरण की बैठक भरी हुई है। गाँव के मुरब्बी लोग आजकल यहीं आने लगे हैं। अचानक एक आदमी ने आकर एक बड़े मजे का समाचार सुनाया—लुहारों के लड़कों ने विश्वकर्मा-पूजा के उत्सव में कलकत्ते से दो खेमटा नाचनेवाली बुलाई हैं, उन्हीं के नाच की महफिल में गुरुचरण बैठे हुए हैं!'

हरिचरण हँसते-हँसते लोट-पोट हो गया। बोला, 'पागल है! पागल है!! इसकी बात सुनी, भैया खेमटा नाच देख रहे हैं! किस चंडूखाने से आ रहे हो अविनाश?'

अविनाश ने शपथ खाकर कहा, 'अपनी आँखों से देख आया हूँ।'

एक आदमी दौड़ गया, सच्ची खबर लाने के लिए। दसेक मिनट बाद वह लौट आया, बोला, 'हाँ, एकदम सच बात है और केवल नाच ही नहीं देख रहे, अपितु रूमाल में बाँधकर उन्हें न्योछावर देते हुए भी वह अपनी आँखों से देख आया है।'

बस, फिर क्या था, एक जोर का शोर-गुल उठ खड़ा हुआ। किसी ने कहा, 'एक दिन ऐसा ही होगा, वह तो जानी हुई बात थी।' कोई कहने लगा, जिस दिन बिना अपराध के स्त्री के शरीर पर हाथ लगाया था, उसी दिन हम समझ गए थे। एक ने लड़के की डकैती का उल्लेख करते हुए कहा, उसी से पिता के चरित्र का अनुमान लगाया जा सकता है। इस प्रकार न जाने कितनी भाँति की बातें होने लगीं।

एक आदमी दौड़ गया, सच्ची खबर लाने के लिए। दसेक मिनट बाद वह लौट आया, बोला, 'हाँ, एकदम सच बात है और केवल नाच ही नहीं देख रहे, अपितु रूमाल में बाँधकर उन्हें न्योछावर देते हुए भी वह अपनी आँखों से देख आया है।'

आज कुछ बोला नहीं तो केवल एक हरिचरण। वह अन्यमनस्क सा होकर चुपचाप बैठा रहा। उसे न जाने कैसे; आज मानो बचपन की याद आने लगी, 'क्या ये ही उसके भैया हैं? क्या ये ही गुरुचरण मजूमदार हैं?'

छह

रात के लगभग ढाई बजे होंगे, परंतु नाच समाप्त होने में अब भी देर है। विश्वकर्मा-पूजा शीघ्र ही समाप्त हो चुकी थी, परंतु उसकी 'जूनी बाकी' अब भी चल रही थी, जिसे भक्तगण शराब पीकर, मांस खाकर तथा वेश्या नचाकर, दक्ष-यक्ष के रूप में पूजा कर रहे थे। अधिकांश व्यक्ति अपना होश-हवाश खो बैठे थे, और उन्हीं के बीच बैठे हुए मुसकरा रहे थे वृद्ध गुरुचरण।

इतने में एक व्यक्ति चादर से मुँह ढाके आया और उसने धीरे से उनकी पीठ पर हाथ रख दिया। वे चौंक पड़े, बोले, 'कौन?'

उसने कहा—'मैं हू पारस ताऊजी, घर चलिए।'

गुरुचरण ने तनिक भी आपत्ति नहीं की, बोले, 'घर? चलो।'

उत्सव-मंच का थोड़ा सा क्षीण प्रकाश मार्ग पर आ रहा था, वहाँ पहुँचकर पारस निर्निमेष दृष्टि से ताऊ के चेहरे की ओर देखने लगा। आँखों में वह ज योति नहीं, चेहरे पर वह तेज नहीं, नीचे से ऊपर तक पूरा-का-पूरा शरीर भूताविष्ट सा हो गया है। इतने दिनों बाद आज उसकी आँखों से आँसू गिरने लगे और इतने दिनों बाद और उसकी आँखें देख सकीं कि ताऊजी में लोगों के आगे लज्जित होने योंग्य कोई वस्तु शेष नहीं रही है। इस अर्द्धचेतन शरीर को छोड़कर वे कहीं अन्यत्र चले गए हैं। उसने कहा, 'आपकी काशी जाने की बड़ी आकांक्षा थी ताऊजी, चलिएगा?'

गुरुचरण दरिद्र की भाँति बोल उठे, 'जाऊँगा पारस, जाऊँगा, परंतु ले कौन जाएगा मुझे?'

पारस ने कहा, 'मैं ले जाऊँगा, ताऊजी!'

'तो चल जरा, घर चलकर चीज-वस्तु ले आएँ जाकर।'

पारस ने कहा, 'नहीं ताऊजी, अब उस घर में नहीं जाना है। वहाँ का अब कुछ भी नहीं चाहिए हमें।'

गुरुचरण को अचानक जैसे चेत आ गया, तनिक चुप रहकर बोले, 'कुछ नहीं चाहिए? उस घर का अब हम कुछ भी नहीं चाहते?'

पारस ने अपनी आँखें पोंछते हुए कहा, 'नहीं ताऊजी, कुछ नहीं चाहिए। उन चीजों को लेनेवाले और बहुत लोग वहाँ हैं, चलिए।'

'चलो', कहकर गुरुचरण ने पारस का हाथ पकड़ लिया और जनशून्य अंधकारमय मार्ग से दोनों रेलवे स्टेशन की ओर चल दिए।

□

पचास वर्ष पहले

यह लुटेरे की कहानी है। इन लोगों के संबंध में सुना तो बहुतेरों ने है और जो मुझ जैसे बूढ़े हैं, उन्होंने बहुतों को देखा भी है। पचास-साठ वर्ष पहले तक पश्चिम बंगाल अर्थात् हुगली, बर्दवान आदि जिलों में इन लोगों का बहुत अधिक उपद्रव मचा रहता था।

उससे भी पूर्व अर्थात् दादी-नानी के मुँह से सुना है कि लोगों के चलने-फिरने की कोई भी राह अथवा सड़क ऐसी न थी, जिस पर संध्या हो जाने पर चलना खतरे से खाली हो। वे दुष्ट लुटेरे जैसे लोभी थे, वैसे ही निर्दय तथा निष्ठुर भी। ये झुंड बनाकर, सड़क के किनारे वृक्षों की आड़ में, झाड़-झंखाड़ में छिपे रहते थे। इनके एक हाथ में बड़ी सी लाठी और दूसरे हाथ में कच्चे बाँस के भारी तथा छीलकर बनाए गए छोटे-छोटे टुकड़े रहा करते थे। इन टुकड़ों को 'पाबड़ा' कहा जाता था।

मार्ग पर चलनेवाला यात्री जब कुछ आगे बढ़ जाता था, तब ये लुटेरे पीछे से निकलकर, उसके पाँवों को ताककर, उसी पाबड़े को खींचकर बड़ी जोर से मारते थे। इनका निशाना अचूक होता था। अस्तु, जब अकस्मात् असावधानी में चोट खाकर वह पथिक मुँह के बल पृथ्वी पर गिर पड़ता था, तब इन लुटेरों का झुंड दौड़कर उसके पास जा पहुँचता था, एवं लाठियों से पीटकर जान से मार डालता था। ऐसा करने में ये लुटेरे न तो कुछ हिचकते थे और न सोच-विचार करते थे। ये किसी को भी नहीं छोड़ते थे। इन लोगों के हाथों प्राण गँवानेवाले अनेक लोगों की मृत देह को मैंने अपनी आँखों से देखा है।

नदी के दोनों किनारों पर घना जंगल और झाड़ियाँ थीं। न जाने ये लुटेरे आदमी को कहाँ से मारपीट कर लाते और यह कभी नहीं देखा कि इन लाशों का अथवा लुटेरों का पता लगाने के लिए पुलिस आई हो अथवा गाँव का ही कोई आदमी थाने में रिपोर्ट करने के लिए गया हो। यह झंझट कौन करे, इस मुसीबत को कौन मोल ले! गाँव के लोग सदैव से यही सुनते आए हैं कि पुलिस के साथ रगड़ नहीं करनी चाहिए।

बाल्यावस्था में मुझे मछली पकड़ने का बड़ा शौक था। उसे सनक कहना भी कुछ गलत न होगा। बड़ी-बड़ी मछलियाँ तो नहीं, परंतु छोटी जाति की मछलियों को मैं अवश्य फँसा लेता था। बहुत सवेरे ही 'छीप' हाथ में लिए हुए, नदी के तट पर मैं पहुँच जाया करता था।

हमारे गाँव के किनारे एक छोटी सी उथली नदी थी। उसका विस्तार भी कुछ अधिक चौड़ा न था और उसमें पानी भी कहीं कमर से अधिक गहरा न था। नदी के पानी में सिवार की भरमार थी। उसी सिवार में जहाँ कहीं बीच-बीच में कुछ खुली हुई जगह थी, वहाँ छोटी-छोटी मछलियाँ किलोलें किया करती थीं। मैं बंसी में आटे की गोली लगाकर उसे पानी में डाल देता और उसी स्थान पर बैठा रहता था। इस प्रकार मछली पकड़ने में मुझे आनंद आया करता था।

नदी-तट पर मछलियों की खोज में अकेले घूमते-फिरते हुए कई बार मैंने नदी के भीतर कीचड़ तथा सिवार से लिपटी हुई मनुष्यों की लाशें देखी हैं। कभी-कभी यह भी देखा है कि लाश के सिर से ताजा खून निकलने के कारण वहाँ का पानी लाल हो रहा है।

नदी के दोनों किनारों पर घना जंगल और झाड़ियाँ थीं। न जाने ये लुटेरे आदमी को कहाँ से मारपीट कर लाते और यह कभी नहीं देखा कि इन लाशों का अथवा लुटेरों का पता लगाने के लिए पुलिस आई हो अथवा गाँव का ही कोई आदमी थाने में रिपोर्ट करने के लिए गया हो। यह झंझट कौन करे,

इस मुसीबत को कौन मोल ले! गाँव के लोग सदैव से यही सुनते आए हैं कि पुलिस के साथ रगड़ नहीं करनी चाहिए। पुलिस के पास जाना भी अपनी आफत बुलाना है। बाघ के सामने पड़कर कभी नहीं बच सकते। इसीलिए यदि कभी किसी की दृष्टि में ऐसी लाश पड़ भी जाती, तो वह उस ओर से आँखें फेरकर चुपचाप चला जाता था। इसके बाद रात के समय सियारों के झुंड निकलकर उस लाश को खूब धूमधाम से खाते-पीते तथा नदी में पानी पीकर और मुँह धोकर अपनी माँद में चले जाया करते थे। लाश का कहीं चिह्न तक नहीं रहता था।

एक दिन मेरी भी संभवतः यही दशा होती, परंतु मैं बच गया। यही वृत्तांत कह रहा हूँ।

उन दिनों मेरी उम्र बारह वर्ष की थी। छुट्टी का दिन था। सवेरे-सवेरे घर में छिपकर बैठा हुआ मैं पतंग बना रहा था। इतने में ही उस मुहल्ले के नयन बागदी की आवाज सुनाई पड़ी। वह मेरी दादी से कह रहा था, 'माताजी, आज मुझे पाँच रुपए दे दो। मैं तुम्हारे पोते को दूध पिलाकर उन्हें चुका दूँगा।'

मेरी दादा नयनचंद को बहुत चाहती थीं। उन्होंने पूछा, 'आज अचानक ही तुझे रुपयों की आवश्यकता क्यों आ पड़ी रे नयन?'

दादी ने और कुछ न कहकर, उसके हाथ पर पाँच रुपए रख दिए। वह प्रणाम करके चला गया।
मैंने सुन रखा था कि बसंतपुर में 'द्वीप' बनाने के लिए अच्छा बाँस मिलता है, अतः मैंने चुपचाप नयन का पीछा करना शुरू कर दिया। लगभग दो मील कच्ची सड़क पार करने के बाद ग्रांड ट्रंक रोड से बसंतपुर का मार्ग आता है।

वह बोला, 'एक अच्छी सी गाय लाऊँगा माताजी! बसंतपुर में मेरी बुआ रहती हैं। फुफेरे भाई ने कहला भेजा है कि चार-पाँच गायें रखना खल रहा है। उसमें से वह एक गाय मुझे देना चाहता है। मैं जानता हूँ कि वह मुझसे गाय की कीमत नहीं लेगा, फिर भी चार-पाँच रुपए साथ ले जाना ठीक रहेगा।'

दादी ने और कुछ न कहकर, उसके हाथ पर पाँच रुपए रख दिए। वह प्रणाम करके चला गया।

मैंने सुन रखा था कि बसंतपुर में 'द्वीप' बनाने के लिए अच्छा बाँस मिलता है, अतः मैंने चुपचाप नयन का पीछा करना शुरू कर दिया। लगभग दो मील कच्ची सड़क पार करने के बाद ग्रांड ट्रंक रोड से बसंतपुर का मार्ग आता है।

गाँव से लगभग एक मील निकल जाने पर नयन ने अचानक पीछे घूमकर देखा। मुझे देखकर वह नाराज हुआ, बोला, 'मेरे लिए द्वीप के योग्य बाँस की दस अच्छी कमचियाँ लेता आएगा। इस पर भी मैं किसी तरह लौटने को तैयार नहीं हुआ। मैंने साथ ले चलने के लिए उसकी बहुत खुशामद की, परंतु उसने एक न सुनी। अंत में वह मुझे पकड़कर जबर्दस्ती घर लौट आया।

मेरे रोने-धोने से दादी तो कुछ नरम हुईं, परंतु नयन मुझे साथ ले जाने के लिए किसी भी तरह तैयार नहीं हुआ। बोला, 'माताजी, आने-जाने में केवल आठ कोस का रास्ता है, चाँदनी रात होने के कारण खुद खुशी से ले भी जा सकता था; परंतु रास्ता ठीक नहीं है, खतरा है। यदि समय से न लौट सका, तो आप ही कहिए, 'मैं गाय को सँभालूँगा या मैं लड़के को सँभालूँगा अथवा स्वयं को सँभालूँगा?'

मेरे रोने-धोने से दादी तो कुछ नरम हुईं, परंतु नयन मुझे साथ ले जाने के लिए किसी भी तरह तैयार नहीं हुआ। बोला, 'माताजी, आने-जाने में केवल आठ कोस का रास्ता है, चाँदनी रात होने के कारण खुद खुशी से ले भी जा सकता था; परंतु रास्ता ठीक नहीं है, खतरा है। यदि समय से न लौट सका, तो आप ही कहिए, 'मैं गाय को सँभालूँगा या मैं लड़के को सँभालूँगा अथवा स्वयं को सँभालूँगा?'

रास्ते का खतरा क्या है, इसे यहाँ के सभी लोग जानते हैं। दादी भी एकदम 'न' कर बैठीं। मुख से बोलीं, 'तू कभी नहीं जा सकता। यदि चोरी से भाग जाएगा, तो मैं तेरे मास्टर को चिट्ठी लिखकर कहला भेजूँगी, वे

कम-से-कम पचास बेंत जरूर मारेंगे।'

निरुपाय होकर मैंने दूसरा उपाय खोज निकाला। नयन के चले जाने पर, मैं तालाब में स्नान करने का बहाना कर शरीर में तेल मलता हुआ, कंधे पर अँगोछा डालकर घर से निकल पड़ा। नदी के किनारे-किनारे झाड़ी-जंगल तथा आम-कटहल के बागों में होता हुआ कोई दो-ढाई मील तक दौड़ता चला गया। जिस स्थान पर हमारे गाँव का कच्चा रास्ता समाप्त होकर ग्रांड ट्रंक रोड की पक्की सड़क में आ मिलता था, वहाँ जाकर जब खड़ा हुआ, तो लगभग दस मिनट बाद ही मुझे नयन आता हुआ दिखाई दिया।

मुझे देखकर पहले तो वह बहुत बका-झका। अंत में यह जानकर कि मैं कौन सा बहाना बनाकर यहाँ आया हूँ, हँस पड़ा। बोला, 'अच्छा चलो देवता, जो भाग्य में है, वही होगा। इतनी दूर आकर तो अब लौट भी नहीं सकता।'

नयन ने सात गाँव की दुकान से लाई और बताशे खरीदकर मेरी धोती के छोर में बाँध दिए, मेरे खाने के लिए। इसके बाद चलते-चलते, हम लोग दोपहर के समय बसंतपुर में नयन की बुआ के घर पहुँचे। नयन की बुआ दरिद्र नहीं थीं, खाने-पहनने का कोई कष्ट नहीं था।

नयन ने सात गाँव की दुकान से लाई और बताशे खरीदकर मेरी धोती के छोर में बाँध दिए, मेरे खाने के लिए। इसके बाद चलते-चलते, हम लोग दोपहर के समय बसंतपुर में नयन की बुआ के घर पहुँचे। नयन की बुआ दरिद्र नहीं थीं, खाने-पहनने का कोई कष्ट नहीं था।

मकान के नीचे ही कुंती नामक नदी बहती थी। नदी छोटी थी, परंतु पानी उसमें इतना था कि ज्वार-भाटा आया करता था। मैं नदी में जाकर स्नान कर आया। बुआ की बड़ी बहू केले के पत्ते में चिउड़ा, गुड़, दूध और केला आदि फलाहार का सामान परोस गई।

भोजन के पश्चात् नयन की बुआ ने कहा, 'बालक चार-पाँच कोस पैदल चलकर आया है, अभी लौटकर भी जाना होगा। अत: अब कुछ देर आराम

कर लो भाई, धूप कम हो जाने पर तीसरे पहर चले जाना।'

बुआ का छोटा लड़का मेरी फरमाइश पूरी करने, अर्थात् मेरे बाँस की कमचियाँ लेने चला गया।

नयन और मैं दोनों ही पैदल चलने के कारण इतने थक गए थे कि सो गए। हमारी आँख तब खुली, जब चार बज चुके थे। धूप की ओर देखकर नयन कुछ चिंतित सा दिखाई दिया, परंतु मुँह से उसने कुछ नहीं कहा। दस-पंद्रह मिनट में ही हम लोग वहाँ से चल पड़े। चलते समय नयन पाँव छूकर बुआ को पाँच रुपए देने लगा, परंतु उन्होंने लिये नहीं, लौटा दिए। बोलीं, 'अपने बच्चों को इन रुपयों की मिठाई ले देना।'

मेरे कंधे पर बाँस की कमचियों का गट्ठर था। नयन के बाएँ हाथ में गाय की रस्सी और दाहिने हाथ में लंबी लाठी थी, परंतु गाय को लेकर तेज नहीं चला जाता था। दो कोस भी हम लोग नहीं चल पाते थे, रात हो गई और आकाश में चंद्रमा दिखाई देने लगा। मार्ग में दोनों ओर बड़े-बड़े पीपल, बरगद तथा पाकड़ के वृक्ष खड़े थे, जो ऊपर आकर परस्पर इस तरह मिल गए थे कि मार्ग में घना अंधकार छा गया था। केवल कहीं-कहीं पत्तों की फाँक से छनकर आई हुई चाँदनी का क्षीण प्रकाश मार्ग के ऊपर पड़ रहा था।

नयन ने कहा, 'भैया, तुम मेरी बाईं ओर आकर अपने बाएँ हाथ से गाय की रस्सी पकड़ लो, मैं तुम्हारी दाईं ओर रहूँगा।'
मैंने कहा, 'क्यों नयन दादा?'
नयन बोला, 'कुछ नहीं, यों ही। आओ चलें।'
मैं बालक होने पर भी समझ गया कि नयन की आवाज में घबराहट भरी हुई है।

नयन ने कहा, 'भैया, तुम मेरी बाईं ओर आकर अपने बाएँ हाथ से गाय की रस्सी पकड़ लो, मैं तुम्हारी दाईं ओर रहूँगा।'

मैंने कहा, 'क्यों नयन दादा?'

नयन बोला, 'कुछ नहीं, यों ही। आओ चलें।'

मैं बालक होने पर भी समझ गया कि नयन की आवाज में घबराहट भरी हुई है।

धीरे-धीरे पक्की सड़क छोड़कर हम लोग कच्चे मार्ग पर जा पहुँचे। आस-पास का जंगल, झाड़-झंखाड़ और भी घना हो गया। बहुत से पुराने पाकड़ के वृक्षों की पंक्ति ने, ऊपर से सिर भिड़ाकर, घने पत्तों का परदा डाले हुए कहीं फाँक तक नहीं छोड़ी थी, जिससे चंद्रमा का प्रकाश मार्ग तक पहुँच पाता। संध्या के समय किसानों के लड़के इसी मार्ग से अपने पशुओं को हाँकते हुए घर ले गए थे। उन पशुओं के खुरों से उड़ी हुई धूलि अब भी नाक तथा मुँह में भरी जा रही थी।

इसी समय सामने से, कोई पचास-साठ हाथ की दूरी पर किसी का गला फाड़कर निकलती हुई चीख सुनाई दी, 'बाप रे! मार डाला रे! अरे कोई बचाओ।' साथ ही लाठियाँ बरसाने का शब्द सुनाई दिया, इसके बाद सन्नाटा छा गया।

इसी समय सामने से, कोई पचास-साठ हाथ की दूरी पर किसी का गला फाड़कर निकलती हुई चीख सुनाई दी, 'बाप रे! मार डाला रे! अरे कोई बचाओ।' साथ ही लाठियाँ बरसाने का शब्द सुनाई दिया, इसके बाद सन्नाटा छा गया।

नयन सन्नाटे में आकर खड़ा हो गया। बोला, 'खत्म हो गया?'

मैंने पूछा, 'क्या खत्म हो गया नयन दादा?'

'एक आदमी' कहकर, कुछ देर तक वहीं खड़े रहकर उसने कुछ सोचा; फिर कहा, 'चलो भैया, हम लोग तनिक सावधान होकर चलें।'

गाय बाईं ओर, नयन दाहिनी ओर और मैं दोनों के बीच में, इस प्रकार हम लोग फिर आगे बढ़े।

बचपन से सुनता आ रहा हूँ, कभी-कभी लुटेरों के शिकार बने लोगों की लाशें भी देखी हैं। अतः बालक होने पर भी मैं समझ गया। 'अरे कोई बचाओ, बचाओ!' की करुण पुकार उस समय भी मेरे कानों में गूँज रही थी।

मैंने डरते-डरते कहा, 'नयन दादा, वे लोग तो सामने ही खड़े हुए हैं,

गाय, मैं और नयन, धीरे-धीरे आगे बढ़ने लगे। भय के मारे मेरे पाँव काँप रहे थे, साँस नहीं ले पा रहा था, ऐसी अवस्था थी। वृक्षों की छाया तथा धूलि के कारण, अभी तक कुछ दिखाई भी नहीं दिया था। पंद्रह-बीस हाथ और आगे बढ़ते ही देखा—हम लोगों के आने की आहट पाकर अथवा हमें देखकर, पाँच-छह आदमी दौड़कर एक पाकड़ के वृक्ष की आड़ में छिप गए।

हम लोग बढ़ें कैसे? अगर मारें…'

नयन ने कहा, 'नहीं भैया, मेरे रहते नहीं मारेंगे। लुटेरे हैं न, बहादुर थोड़े ही होते हैं। देखते ही भाग खड़े होंगे। बड़े डरपोक होते हैं।'

गाय, मैं और नयन, धीरे-धीरे आगे बढ़ने लगे। भय के मारे मेरे पाँव काँप रहे थे, साँस नहीं ले पा रहा था, ऐसी अवस्था थी। वृक्षों की छाया तथा धूलि के कारण, अभी तक कुछ दिखाई भी नहीं दिया था। पंद्रह-बीस हाथ और आगे बढ़ते ही देखा—हम लोगों के आने की आहट पाकर अथवा हमें देखकर, पाँच-छह आदमी दौड़कर एक पाकड़ के वृक्ष की आड़ में छिप गए।

नयन ने अचानक खड़े होकर, अत्यंत भयानक आवाज से चिल्लाते हुए कहा, 'सावधान! तुम लोगों को बताए देता हूँ, ब्राह्मण का लड़का मेरे साथ है। अगर पाबड़ा मारा, तो तुममें से एक को भी जीवित नहीं छोड़ूँगा।'

किसी ने इसका उत्तर नहीं दिया। हम लोगों ने कुछ और आगे बढ़कर देखा, मार्ग में एक आदमी मुँह के बल धूलि में पड़ा है। उसके ऊपर चंद्रमा का थोड़ा सा प्रकाश पड़ रहा था। नयन ने उसे झुककर देखा तथा हाय-हाय कर उठा। उस आदमी के नाक-कान और मुँह से खून बह रहा था। केवल उसके पाँव ही उस समय भी थर-थर काँप रहे थे। उसके कंधे पर भिक्षा की झोली वैसी ही लटकी हुई थी, परंतु उसमें का अन्न धूलि में इधर-उधर बिखर गया था। उसके हाथ का एकतारा लाठियों की चोट से चूर-चूर होकर अलग पड़ा हुआ था।

नयन सीधा खड़ा हो गया। बोला, 'अरे पापियों, नर्क के कीड़ों, तुमने

व्यर्थ ही एक भिखारी के, एक वैष्णव के प्राण ले लिये। यह तुमने क्या कर डाला?'

नयन का पहले का भयानक गले जैसे अचानक वेदना से भर गया; परंतु उधर से कोई उत्तर नहीं आया। नयन के इस दुःख और वेदना का प्रधान कारण यह भी था कि वह स्वयं एक कट्टर वैष्णव था, गुरु से कंठी भी ले चुका था। उसके कंठ में मोटे-मोटे दानोंवाली तुलसी-माला पड़ी हुई थी; नाक से लेकर मस्तक तक लंबा तिलक था एवं संपूर्ण शरीर में भाँति-भाँति की छापें लगी हुई थीं। उसके घर में एक छोटा सा ठाकुरद्वारा भी था, जिसमें चैतन्य महाप्रभु का चित्र स्थापित था। एक हजार बार इष्ट-मंत्र जपे बिना वह पानी भी नहीं पीता था। बाल्यावस्था में उसने पाठशाला में पहली पोथी पढ़ी थी। अब अपने ही प्रयत्न से उसने इतनी विद्या प्राप्त कर ली है कि वह छपी हुई पुस्तक अच्छी तरह बाँच लेता है। दीपक की रोशनी में, ठाकुरजी के दालान में बैठकर वह सस्ते संस्करण के विश्राम-सागर, ब्रजविलास आदि वैष्णव ग्रंथों का बहुत रात बीते तक सस्वर पाठ करता रहता है। वह मांस नहीं खाता और उसका विचार है कि आगे चलकर किसी दिन वह मछली खाना भी त्याग देगा।

नयन का पहले का भयानक गले जैसे अचानक वेदना से भर गया; परंतु उधर से कोई उत्तर नहीं आया। नयन के इस दुःख और वेदना का प्रधान कारण यह भी था कि वह स्वयं एक कट्टर वैष्णव था, गुरु से कंठी भी ले चुका था। उसके कंठ में मोटे-मोटे दानोंवाली तुलसी-माला पड़ी हुई थी; नाक से लेकर मस्तक तक लंबा तिलक था एवं संपूर्ण शरीर में भाँति-भाँति की छापें लगी हुई थीं। उसके घर में एक छोटा सा ठाकुरद्वारा भी था, जिसमें चैतन्य महाप्रभु का चित्र स्थापित था।

नयन के वैष्णव होने का एक छोटा सा इतिहास भी है। उसकी उम्र अब चालीस के लगभग है; परंतु जब पच्चीस-तीस वर्ष का था, तब वह एक

डकैती के मामले में फँसकर, एक वर्ष तक हवालात और जेल में रह आया था। मेरी दादी के एक फुफेरे भाई, जिले के बहुत बड़े और नामी वकील थे। दादी ने उन्हीं के द्वारा पैरवी करवाकर तथा बहुत सा धन खर्च करके नयन को जेल से छुड़वाया था।

जेल से छुटकारा पाते ही नयन सीधा नवद्वीप (नदिया) चला गया और वहीं किन्हीं गुसाईं महाराज से मंत्र लेकर, सिर मुड़ाकर तथा तुलसी की माला पहनकर गाँव लौटा, उस दिन से वह पक्का एवं कट्टर वैष्णव हो गया है। नयन यदा-कदा मेरी दादी के सम्मुख पृथ्वी पर मस्तक रखकर प्रणाम कर जाया करता था। वे ब्राह्मणी विधवा थीं, नयन को उन्हें छूने का अधिकार न था; अतः वह किसी पेड़ का पत्ता तोड़कर उनके पाँव के पास रख देता, दादी उस पत्ते से अपने पाँव का अँगूठा छुआ देतीं, तब नयन उस पत्ते को उठाकर मस्तक एवं गले से लगाकर बारंबार कहता, 'माताजी आशीर्वाद दीजिए, अबकी बार मरकर मैं किसी अच्छी जाति के घर में जन्म लूँ, ताकि आपके पाँवों की धूलि अपने हाथ से लेकर मस्तक पर लगा सकूँ।' दादी भी स्नेहपूर्वक कह देतीं, 'नयन, अबकी बार तू मेरे आशीर्वाद से ब्राह्मण का जन्म पाएगा।'

नयन यदा-कदा मेरी दादी के सम्मुख पृथ्वी पर मस्तक रखकर प्रणाम कर जाया करता था। वे ब्राह्मणी विधवा थीं, नयन को उन्हें छूने का अधिकार न था; अतः वह किसी पेड़ का पत्ता तोड़कर उनके पाँव के पास रख देता, दादी उस पत्ते से अपने पाँव का अँगूठा छुआ देतीं, तब नयन उस पत्ते को उठाकर मस्तक एवं गले से लगाकर बारंबार कहता, 'माताजी आशीर्वाद दीजिए, अबकी बार मरकर मैं किसी अच्छी जाति के घर में जन्म लूँ, ताकि आपके पाँवों की धूलि अपने हाथ से लेकर मस्तक पर लगा सकूँ।'

नयन की आँखों में आँसू भर आते। वह कहता, 'इतनी बड़ी आशा तो मैं नहीं करता माताजी! मेरे पापों की कोई सीमा नहीं है। मैं महापापी हूँ, इस

बात को कोई और चाहे न जाने, आप तो भलीभाँति जानते हैं। आपसे तो मैंने कुछ भी नहीं छिपाया है माताजी!'

दादी कहतीं, 'तेरे सब पाप नष्ट हो गए हैं नयन! तेरे जैसे भक्त तथा भगवान् पर विश्वास रखनेवाले मनुष्य इस संसार में हैं ही कितने? इस मार्ग को तू कभी मत छोड़ना रे, तेरे ये शुभ कर्म तेरा परलोक बना देंगे। उसके लिए कुछ चिंता मत कर।'

नयन आँखें पोंछकर चल देता। जाते समय दादी कहतीं, 'कल यहीं आकर प्रसाद पाना। देख, भूल मत जाना।'

यह सब मैंने कई बार अपनी आँखों से देखा है। इसीलिए जिन वैष्णवों की यह प्राणपण से सेवा करता है, उन्हीं में से एक का इस निर्दयता से मारा जाना देखकर, यदि वह क्रोध के मारे आपे से बाहर तथा विचलित हो उठा, तो इसमें आश्चर्य की कोई बात नहीं थी।

नयन ने कहा, 'बेचारा वैष्णव, भिक्षा माँगकर शाम को घर लौट रहा था। पापियों, उसके पास से क्या पाने की आशा में तुमने उसकी हत्या कर डाली? दो-चार आने पैसे ही तो हाथ लगे होंगे। जी चाहता है, तुम लोगों को भी इसी तरह मार डालूँ।'

इस बार वृक्ष की ओट से उत्तर आया, 'दो-चार आने पैसे भी कौन प्रसन्नतापूर्वक दे देता है रे? अपने पुरखों के भाग्य से, इस बार तू बच गया। अपनी यह धर्म-कर्म की बातें रहने दे, भाग जा।'

उसकी बात पूरी होने के पहले ही नयन जैसे शेर की भाँति गरज उठा। बोला, 'हरामजादो, कायरो, मैं भागूँगा? तुम्हारे भय से!'

इतना कहकर, अपनी अंटी से पाँचों रुपए निकालकर उन्हें खनखनाते हुए बोला, 'देखो, मेरे पास इतने रुपए हैं, इन्हें मत छोड़ना। हिम्मत हो तो सब मिलकर आ जाओ और इन्हें ले जाओ, परंतु एक बार फिर तुम्हें सावधान किए देता हूँ कि मेरे साथ जो ब्राह्मण का लड़का है, यदि इसके शरीर में तनिक भी चोट आ गई, तो मैं तुम सबको सदा के लिए इसी रास्ते पर सुला दूँगा, तब घर लौटूँगा। मैं शेतला गाँव का नयन छाती हूँ और कोई नहीं। पूछता हूँ—तुमने

कभी मेरा नाम सुना है, या यों ही हाथ में लाठी लेकर भिखारियों को मारते हुए घूमा करते हो? हरामजादो, तुम तो सियारों और कुत्तों से गए-बीते हो।'

जहाँ से पहले उत्तर आया था, उस वृक्ष के नीचे सन्नाटा छा गया, किसी ने चूँ तक नहीं की, दो-तीन मिनट तक चुप रहने के बाद नयन ने और भी अधिक कड़ी, और भी अधिक कड़वी गाली देते हुए पुकारा, 'क्यों रे, आओगे या ये रुपए लेकर मैं ही घर चला जाऊँ?'

फिर भी कोई उत्तर नहीं आया। मार्ग में दो-तीन पाबड़े पड़े हुए थे। नयन ने एक-एक करके वे सब उठा लिए। फिर कहा, 'चलो भैया, अब घर चलें। रात हो रही है, तुम्हारी दादी शायद चिंता कर रही होगी। ये सब तो सियार-कुत्तों की औलाद हैं, मनुष्य के पास कैसे आ सकते हैं? तुम यदि इस छीप की ही कमची को हाथ में लेकर मारने जाओ, तो भी ये सब सिर पर पाँव रखकर भागे जाएँगे, भैया!'

फिर भी कोई उत्तर नहीं आया। मार्ग में दो-तीन पाबड़े पड़े हुए थे। नयन ने एक-एक करके वे सब उठा लिए। फिर कहा, 'चलो भैया, अब घर चलें। रात हो रही है, तुम्हारी दादी शायद चिंता कर रही होगी। ये सब तो सियार-कुत्तों की औलाद हैं, मनुष्य के पास कैसे आ सकते हैं? तुम यदि इस छीप की ही कमची को हाथ में लेकर मारने जाओ, तो भी ये सब सिर पर पाँव रखकर भागे जाएँगे, भैया!'

इस बीच मेरा भय दूर हो गया एवं साहस बढ़ गया था। मैंने कहा, 'जाऊँ नयन दादा?'

नयन हँस पड़ा, बोला, 'रहने दो भाई, कोई आवश्यकता नहीं। सियार-कुत्ता आदमी का सामना तो नहीं करते, परंतु मौका मिलने पर काटने से भी बाज नहीं आते। यही हाल इन लोगों का भी है।

हम दोनों आगे बढ़े। नयन बिल्कुल चुप था। मैंने बारंबार कई प्रश्न किए, परंतु उसने एक का भी उत्तर नहीं दिया। केवल हाँ या ना कह दिया करता था। कुछ दूर आगे जाकर एक बड़े वृक्ष की छाया में, खूब घने अंधकार

के बीच वह ठिठककर खड़ा हो गया। बोला, 'न भैया, आँखों से वैष्णव की हत्या देखकर हत्यारों को उसका दंड दिए बिना मुझसे न जाया जाएगा। ब्राह्मण–वैष्णव के प्राण लेने का बदला मैं इन बदमाशों से अवश्य लूँगा।'

मैंने पूछा, 'बदला कैसे लोगे; नयन दादा ?'

उसने कहा, 'क्या मैं एक साले को भी न पकड़ सकूँगा ? तब हम दोनों मिलकर, इसी प्रकार लाठी से पीटकर उसे भी मार डालेंगे।'

पीटकर मार–डालने के आनंद से मैं अत्यंत प्रसन्न एवं उत्साहित हो उठा। मेरी समझ में जैसे यह भी कोई नए प्रकार का खेल था। इन लुटेरों के संबंध में मैंने न जाने कितनी तरह की बातें सुन रखी थीं, परंतु अब जान पड़ा कि वे सब झूठ हैं। नयन दादा ने जाने नहीं दिया अन्यथा मैं ही पीछा करके किसी एक को तो पकड़ लाता। मैंने कहा, 'नयन दादा, तुम एक को अच्छी तरह पकड़े रहना, मैं अकेला ही उसे पीटकर मार डालूँगा, परंतु यदि कहीं मेरी छीप टूट गई तो ?'

नयन ने फिर हँसकर कहा, 'छीप की मार से मरेगा नहीं भाई, यह सोटा लो!' यह कहकर नयन ने उन बटोरकर लाए हुए पाबड़ों में से एक अच्छा सा पाबड़ा निकाला और मेरे हाथ में थमाते हुए कहा, 'तुम गाय को पकड़कर इसी जगह खड़े रहो भैया, मैं अभी दो–एक को पकड़ लेता हूँ, परंतु देखो, रोने–चिल्लाने की आवाज सुनकर डरना मत।'

मैंने कहा, 'नहीं, डर की क्या बात है ? मेरे हाथ में यह सोटा जो है।'

तब नयन बाकी दोनों पाबड़ों को बगल में दबा, बड़ी लाठी को दाहिने हाथ में ले, रास्ता छोड़कर झाड़ियों के सहारे–सहारे, घुटनों के बल दोनों हाथों से चलता हुआ उसी ओर लौट गया।

लुटेरों ने समझा था कि हम लोग चले गए हैं, अत: वे निश्चिंत होकर लौट आए थे; वे मरे हुए भिखारी की अंटी को टटोलकर तथा झोली को फाड़कर यह देख रहे कि उसके पास क्या है। अचानक उनमें से एक ने देखा, समीप ही एक वृक्ष की आड़ में नयन खड़ा हुआ है। वह भयभीत होकर चिल्ला उठा, 'वहाँ कौन खड़ा है ?'

लुटेरों ने समझा था कि हम लोग चले गए हैं, अतः वे निश्चिंत होकर लौट आए थे; वे मरे हुए भिखारी की अंटी को टटोलकर तथा झोली को फाड़कर यह देख रहे कि उसके पास क्या है। अचानक उनमें से एक ने देखा, समीप ही एक वृक्ष की आड़ में नयन खड़ा हुआ है। वह भयभीत होकर चिल्ला उठा, 'वहाँ कौन खड़ा है?'
नयन बोला, 'मैं नयन छाती हूँ। इसी तरह खड़ा रह, भागा नहीं कि मर जाएगा।'

नयन बोला, 'मैं नयन छाती हूँ। इसी तरह खड़ा रह, भागा नहीं कि मर जाएगा।'

परंतु नयन की बात पूरी होने के साथ ही मैंने बहुत से पाँवों के भागने की आहट सुनीं और प्रायः उसके साथ ही, अस्पष्ट आर्त्त स्वर में कोई व्यक्ति रो उठा, तथा हड़बड़ाकर किसी झाड़ी के ऊपर गिर पड़ा।

नयन चिल्लाकर बोला, 'भैया इस साले को पकड़ लिया है और तो सब भाग गए।'

इस शुभ समाचार को पाकर मैं उसी स्थान पर खड़े होकर उछलने लगा। मैंने जोर से चिल्लाते हुए बोला, 'उसे यहाँ पकड़ लाओ नयन दादा। मैं पीटकर मारूँगा, तुम मत मार डालना।'

नयन ने कहा, 'नहीं भैया, तुम्हीं मारना!'

एक और करुण शब्द सुनाई दिया। लगा, नयन ने उसे लाठी का एक हूला मारा था, इसीलिए वह आदमी फिर चिल्ला उठा, दो-एक मिनट बाद ही मैंने देखा, एक आदमी लड़खड़ाता-लँगड़ाता हुआ आ रहा है और उसके पीछे नयनचंद है।

समीप आते ही वह व्यक्ति जोर से रोता हुआ मेरे पाँव से लिपट गया। नयन ने लाठी का हूला मारकर, उसे उठाकर खड़ा कर दिया। अब उस आदमी को देखकर मैं काँप उठा। उसने अपने मुँह पर कालिख पोत रखी थी तथा उसके बीच-बीच में चूने की सफेद बिंदिया लगा रखी थी। वह जैसा दुबला और शक्तिहीन था, वैसा ही लंबा भी। वह सैकड़ों जगह से फटे हुए एक

चीथड़े को लपेटे था और लगातार रो रहा था।

उसके गाल पर एक जोर का थप्पड़ मारते हुए नयन ने कहा, 'चुप रह हरामजादे, जो मैं पूछूँ, उसका सही-सही उत्तर दे। तुम कितने आदमी थे? उनके नाम और घर का पता बता।'

पहले तो उस आदमी ने कुछ नहीं बताना चाहा; परंतु पीठ पर लाठी का एक हूला और पड़ते ही, उसने अपने सब साथियों के नाम और पते बता दिए।

नयन ने कहा, 'याद रखूँगा, भूलूँगा नहीं! अब बता, वैष्णव भिखारी के गिरने पर तूने उसके शरीर पर लाठी के कितने हाथ मारे थे?'

वह बोला, 'पाँच-सात।'

नयन ने दाँत पीसते हुए कहा, 'अच्छा, पाँच-सात हाथ ही सही। अब तू उसी तरह लेट जा, जिस तरह मैंने उस वैष्णव भिखारी को पड़े हुए देखा था।'

फिर मुझसे कहा, 'भैया, इधर बढ़ आओ। देखो, इस सोटे से पाँच-सात हाथों में ही इसे समाप्त कर देना चाहिए। देखूँ तुम्हारे हाथों में कितनी शक्ति है और साले, तू क्यों देर कर रहा है? लेट…'

उसके गाल पर एक जोर का थप्पड़ मारते हुए नयन ने कहा, 'चुप रह हरामजादे, जो मैं पूछूँ, उसका सही-सही उत्तर दे। तुम कितने आदमी थे? उनके नाम और घर का पता बता।' पहले तो उस आदमी ने कुछ नहीं बताना चाहा; परंतु पीठ पर लाठी का एक हूला और पड़ते ही, उसने अपने सब साथियों के नाम और पते बता दिए। नयन ने कहा, 'याद रखूँगा, भूलूँगा नहीं! अब बता, वैष्णव भिखारी के गिरने पर तूने उसके शरीर पर लाठी के कितने हाथ मारे थे?'

इतना कहकर नयन ने उसे कान पकड़कर रास्ते में बैठा दिया तथा उसके लेटने से पहले ही उसकी पीठ में कसकर दो-तीन ऐसी लातें जमाईं कि वह औंधे मुँह लोट गया।

तब नयन मुझसे बोला, 'हाँ भैया, अब मारो तो ताक कर। दो–तीन हाथ में ही काम तमाम हो जाएगा, तुम्हें अधिक कष्ट नहीं करना पड़ेगा।'

नयन दादा का स्वर बदल गया, उसका चेहरा ही जैसे बदल गया था। उस चेहरे को देखकर मेरे रोए खड़े हो गए, हाथ–पाँव काँपने लगे। मैं रुआँसा होता हुआ बोला, 'मुझसे यह काम नहीं हो सकेगा नयन दादा।'

नयन ने कहा, 'तुमसे न हो सकेगा? अच्छा तो मैं ही इसे समाप्त किए देता हूँ।'

नयन कुछ देर चुप रहा। इसके बाद उस लुटेरे को लाठी का एक और हूला मारता हुआ बोला, 'अरे उठ।'
परंतु वह हिला–डुला भी नहीं। नयन ने कहा, 'साला मर गया क्या? शरीर तो बस हड्डियों का ढाँचा मात्र है, शायद दो–तीन दिन से पेट में अन्न का दाना भी नहीं गया होगा। उस पर चला था दूसरों की हत्या करने, उन्हें लूटने। जा साले, दूर हो। उठकर भाग जा।'

मैंने प्रार्थना के स्वर में कहा, 'न, नयन दादा, इसे मारो नहीं।'

पर वह आदमी जो लात खाकर धरती पर लोट गया था, उसने न तो अब तक अपने हाथ–पाँव हिलाए और न प्राण बचाने के लिए ही कुछ कहा।

मैंने कहा, 'चलो, इसे बाँधकर थाने में पहुँचा दें।'

नयन यह सुनते ही जैसे चौंक पड़ा। बोला, 'थाने में? पुलिस के हाथ में?'

मैंने कहा, 'हाँ, जिस प्रकार इसने एक आदमी को मारा है, उसी प्रकार वे भी इसे फाँसी पर चढ़ाएँगे। जो जैसा करेगा, वो वैसा भरेगा।'

नयन कुछ देर चुप रहा। इसके बाद उस लुटेरे को लाठी का एक और हूला मारता हुआ बोला, 'अरे उठ।'

परंतु वह हिला–डुला भी नहीं। नयन ने कहा, 'साला मर गया क्या? शरीर तो बस हड्डियों का ढाँचा मात्र है, शायद दो–तीन दिन से पेट में अन्न का दाना भी नहीं गया होगा। उस पर चला था दूसरों की हत्या करने, उन्हें लूटने। जा साले, दूर हो। उठकर भाग जा।'

परंतु वह आदमी उसी प्रकार पड़ा रहा। तब नयन ने झुककर उसकी नाक पर हाथ रखते हुए कहा, 'नहीं, मरा नहीं है। बेहोश हो गया है। होश आने पर अपने आप उठकर घर चला जाएगा। चलो भैया, हम लोग भी घर चलें। बहुत देर हो गई, माताजी चिंता कर रही होंगी।'

मार्ग में चलते हुए मैंने कहा, 'उसे छोड़ क्यों दिया नयन दादा? पुलिस को सौंप देते तो ठीक रहता।'

नयन ने पूछा, 'क्यों भैया?'

मैंने कहा, 'उसे फाँसी होती। खून करने पर फाँसी की सजा मिलती है, यह हमारी पढ़ने की पुस्तक में लिखा है।'

नयन ने कहा, 'लिखा है भैया?'

मैंने कहा, 'लिखा तो है ही! चलो, घर चलकर मैं तुम्हें पुस्तक खोलकर दिखा दूँगा।'

नयन ने आश्चर्य प्रकट करते हुए कहा, 'कहते क्या हो भैया, एक आदमी की हत्या के बदले, एक और आदमी को जान से मारा जाता है?'

नयन ने कहा, 'लिखा है भैया?' मैंने कहा, 'लिखा तो है ही! चलो, घर चलकर मैं तुम्हें पुस्तक खोलकर दिखा दूँगा।' नयन ने आश्चर्य प्रकट करते हुए कहा, 'कहते क्या हो भैया, एक आदमी की हत्या के बदले, एक और आदमी को जान से मारा जाता है?'

मैंने कहा, 'हाँ यही तो! यही तो उसके कर्म का उचित दंड है। हम लोगों ने स्कूल में पढ़ा है।'

नयन ने तनिक हँसते हुए कहा, 'परंतु सभी बातें तो संसार में उचित नहीं होती हैं भैया!'

मैंने कहा, 'क्यों नहीं होती हैं नयन दादा?'

नयन ने एकदम कोई उत्तर नहीं दिया। कुछ देर सोचने के बाद बोला, 'लगता है, सभी लोग अपराधियों को पकड़वा नहीं सकते, इसीलिए।'

'क्यों नहीं पकड़वा सकते, मनुष्य यह अन्याय क्यों करता है', उस दिन इस तत्त्व को मैं नहीं जान पाया और आज तक भी नहीं जान सका हूँ। केवल

इसी बात को सोचते-सोचते कुछ दूर आगे निकल जाने पर मैंने पूछा, 'अच्छा, नयन दादा, वे लोग लौटकर फिर किसी मनुष्य की हत्या करेंगे?'

नयन ने कहा, 'नहीं भैया, अब नहीं करेंगे! जब तक मैं जीवित हूँ, तब तक वे लोग यह काम फिर नहीं करेंगे।'

इस उत्तर से मैं अधिक प्रसन्न नहीं हो सका। उन्हें फाँसी होना ही मेरी समझ में उचित था, मुझे पसंद भी था। मैंने कहा, 'परंतु वे लोग हत्या करके बच तो गए, उन्हें दंड तो नहीं मिला?'

नयन अनमना होकर कुछ सोच रहा था। बोला, 'क्या पता, शायद एक दिन दंड मिलेगा।' परंतु तुरंत ही सचेत होकर बोला, 'मैं तो इतना नहीं जानता हूँ भैया, तुम्हारी दादी जानती हैं। तुम और जब बड़े हो जाना, तब किसी दिन उन्हीं से पूछ लेना।'

परंतु और बड़े होने तक मैं सब्र नहीं कर सका; घर में पाँव रखते ही सारा हाल ब्यौरेवार केवल अपने हाथ-पाँव काँपने की व्यर्थ बातें छोड़कर मैंने अपनी दादी के सामने, आँख-मुँह, हाथ आदि अंग-प्रत्यंग हिलाते हुए विस्तारपूर्वक कह सुनाया। प्रारंभ से अंत तक हम लोगों की इस लुटेरा-विजय की कथा को सुनकर दादी ने निःश्वास छोड़ा तथा मुझे छाती के समीप खींचकर सुन्न सी बैठी रहीं।

> *नयन ने एकदम कोई उत्तर नहीं दिया। कुछ देर सोचने के बाद बोला, 'लगता है, सभी लोग अपराधियों को पकड़वा नहीं सकते, इसीलिए।' 'क्यों नहीं पकड़वा सकते, मनुष्य यह अन्याय क्यों करता है', उस दिन इस तत्त्व को मैं नहीं जान पाया और आज तक भी नहीं जान सका हूँ। केवल इसी बात को सोचते-सोचते कुछ दूर आगे निकल जाने पर मैंने पूछा, 'अच्छा, नयन दादा, वे लोग लौटकर फिर किसी मनुष्य की हत्या करेंगे?'*

नयन अभी तक चुपचाप सुन रहा था। मेरी बात समाप्त होते ही, पाँच रुपए दादी के पाँवों के पास रखते हुए उसने कहा, 'माताजी, गाय तो यों ही मिल गई, आपके रुपए आपके पास लौट आए। न लिए बुआ ने और न लिए

आपकी मझली बहू के भाइयों के दल ने राह में ही।'

दादी ने तनिक हँसते हुए कहा, 'भेंट होने पर मझली बहू से कह दूँगी, परंतु ये रुपए मैं नहीं लूँगी, नयन। जा इन्हें अपने ठाकुरजी के भोग में लगा देना, परंतु एक बात मैं आज तुमसे कहे देती हूँ, नयन, अभी तू पक्का वैष्णव नहीं हुआ!'

नयन ने पूछा, 'क्यों माताजी?'

दादी ने कहा, 'पक्के वैष्णव क्या रुपया बजाकर लोगों को अपराध करने के लिए उकसाते हैं? मान लो, यदि लुटेरे लोभ को संवरण न करके धावा बोल ही देते तो क्या होता?'

नयन ने कहा, 'होता क्या, पाँच-छह और भी मर जाते। उससे नयन के पाप का बोझ और कितना भारी हो जाता माताजी?'

दादी चुप बनी रहीं। नयन के इस इशारे का अर्थ या तो वे जानती थीं, या जानता था स्वयं नयन, परंतु उसने भी फिर कुछ नहीं कहा। पृथ्वी पर मस्तक रखकर एवं दूर से ही प्रणाम कर, वह पाँचों रुपयों को सिर से लगाकर चला गया।

> ***नयन अभी तक चुपचाप सुन रहा था। मेरी बात समाप्त होते ही, पाँच रुपए दादी के पाँवों के पास रखते हुए उसने कहा, 'माताजी, गाय तो यों ही मिल गई, आपके रुपए आपके पास लौट आए। न लिए बुआ ने और न लिए आपकी मझली बहू के भाइयों के दल ने राह में ही।'***

□□□

आचार्य चतुरसेन का साहित्य

भारतवर्ष की लोककथाएँ

'लोकप्रिय कहानियाँ' शृंखला के सम्मानित कथाकार

• अवध नारायण मुद्गल • अज्ञेय • आचार्य चतुरसेन • आनंद प्रकाश जैन • आर.के. नारायण • उर्मिला शिरीष • उषा किरण खान • ऋता शुक्ल • कमल कुमार • कमलेश्वर • कुसुम अंसल • कुसुम खेमानी • केशव • गंगाप्रसाद विमल • गिरिराज किशोर • गुरुदत्त • गोविंद मिश्र • चंद्रकांता • चित्रा मुद्गल • जयशंकर प्रसाद • जैनेंद्र कुमार • ज्योत्स्ना मिलन • दामोदर दत्त दीक्षित • देवेंद्र सत्यार्थी • धर्मवीर भारती • नरेंद्र कोहली • नासिरा शर्मा • निर्मल वर्मा • पद्मा सचदेव • पांडेय बेचन शर्मा 'उग्र' • प्रकाश मनु • प्रेमचंद • बलराम • बिमल मित्र • भगवान अटलानी • मनु शर्मा • मन्नू भंडारी • महीप सिंह • मालती जोशी • मीरा सीकरी • मृदुला गर्ग • मृदुला बिहारी • मृदुला सिन्हा • मेहरुन्निसा परवेज • रमेशचंद्र शाह • रमेश पोखरियाल 'निशंक' • रवींद्रनाथ टैगोर • रस्किन बॉण्ड • राजी सेठ • राजेंद्र मोहन भटनागर • राजेंद्र राव • रामदरश मिश्र • रामधारी सिंह दिवाकर • रूपसिंह चंदेल • विजयदान देथा • विद्या विंदु सिंह • विवेकी राय • विश्वंभरनाथ शर्मा कौशिक • विष्णु प्रभाकर • वृंदावनलाल वर्मा • शंकरदयाल सिंह • शरतचंद्र चटर्जी • शिवप्रसाद सिंह • शैलेश मटियानी • श्रीलाल शुक्ल • संतोष गोयल • सच्चिदानंद जोशी • सत्यजित रे • सिम्मी हर्षिता • सीतेश आलोक • सुधा मूर्ति • सुनीता जैन • सुभद्रा कुमारी चौहान • सुशील कुमार फुल्ल • सूर्यबाला • से.रा. यात्री • स्वयं प्रकाश • हिमांशु जोशी

विदेशी कथाकार

• आर्थर कॉनन डायल • ऑस्कर वाइल्ड • एच.जी. वेल्स • ओ. हेनरी • काफका • खलील जिब्रान • चार्ल्स डिकेंस • चेखव • जूल्स वर्न • जैन आस्टीन • डी.एच. लॉरेंस • थॉमस हार्डी • पर्ल बक • मार्क ट्वेन • मोपासाँ • रुडयार्ड किपलिंग • लियो टॉलस्टॉय • वाल्टर स्कॉट • शेक्सपीयर • शेरलॉक होम्स • साकी

भारतीय भाषाओं की कहानियाँ

• डोगरी-कश्मीरी • ओड़िया • कन्नड़ • गुजराती • तमिल • तेलुगु • पंजाबी • मराठी • मलयालम • असमीया • बांग्ला • सिंधी • कोंकणी • उर्दू

विदेशों की कहानियाँ

• अमेरिका • इंग्लैंड • जर्मनी • फ्रांस • यूरोप • रूस • स्पेन